世界精英的带人术

[日] 赤羽雄二 ●著　　张晶晶 曾祥辉 ●译

Wuhan University Press
武汉大学出版社

目录

加入麦肯锡公司以后，我去过一百几十家企业进行经营战略咨询、中层管理人员的选拔和培训，不管是日本最著名的国有企业，还是新兴的中小型企业，就连韩国、印度的企业也有所了解。在此期间，我接触了3000多位"上司"，既有公司董事，也有各级经理和主管。

我们平时所说的"上司"就是指有部下的人，因此除了公司老板，更普遍的是指中层管理职位。本书也是从这样的立场讲述的。

接触过各种上司工作中的不同风格以后，我感受到一些深刻的问题，以及问题背后有很多改善的余地。虽然存在深刻的问题，但只要意识到问题所在，就有可能轻松得到巨大的改善。

尽管这样的改善很简单，但在日本乃至全球，或是因为没有范本，或是因为对上司职责的意识低下，或是因为经营者的能力不够，很少有人能够做到，大多数人都只是靠点小技巧应付了事。

日本经济高速成长时期，因为发展势头看好，人们对事物的综合满意度一直保持在很高的状态，所以不管做什么都可以取得程度不同的成绩，涨薪升职都不在话下。即使出了一点小失误，也不会有人在意。

但是，这样不拘小节的时代已经过去了。新的时代，上司们需要从两个观点上重新出发，改善管理方式。

第一个观点，就是要认识到经济高速增长的发展势头早就已经过去了。虽然也有一些新兴企业还在发展，但因扩大规模而增加的新职位没有想象得那么多了。

另一个观点则是跟企业本身有关：本土企业开始越来越多地吸收国外的优秀人才，以此来求生存求发展。如果上司们不能在这些人才面前表现出世界级的工作水准，就不能让这些人才信服，更别提国际人才的有效利用了。

在本书的第一章中，将会展示几种存在问题的上司类型，并介绍十种思考模式，为成为"以世界级水准活跃在企业中的上司"打好基础。

在这之后将在各章节中对每个环节进行详尽描述，进入世界级上司的实践阶段，在第二章中练习"与部下建立通力合作的关系"，第三章练习"向部下发出具体的指示"，第四章练习"通过团队取得最大的工作成果"，第五章则是"与部下进行有效沟通"，在第六章中学会"耐心细致地培养部下"。

从部下的立场来看，以上的每一个环节都是理所当然的事情，并没有什么特别之处。但一说到实践，恐怕没有几个上司能认真做到。

不管是大企业的部门管理人员，还是家族企业管理者，不管是男性还是女性，站在一人之上的位置就会尝到身为上司的辛苦，甚至成为失败的上司，不断重蹈覆辙。因此，从现在开始，衷心地希望各位"上司"能够参考本书进行人员管理。只要在人员管理上多花一些功夫，谁都有可能成为一位优秀的"上司"。

即将成为"上司"的职员们也可以通过本书预习成为上司后的情境，为今后的职场生活做准备。

现在还是"部下"的职员则要为了将来成为合格的"上司"认真

阅读，加深对上司工作方式的理解，争取在顽固上司的错误指导下也能做出一番成绩。

2015年2月

赤羽 雄二

成为以世界精英级水准

活跃在职场的上司

〔**1**〕

这样的上司，最终会被淘汰

在日常生活中，我会看到各种各样的上司。

其中有一些前途堪忧的上司，他们连自己在公司的立场都把握不了，更别说放眼世界了。到底是怎样的上司呢……请看下面的例子。

例1：指示含糊不清的上司

很多上司似乎认为他们的部下可以猜出他们想要什么，所以下达的指示都是模棱两可的。

然而，部下只能从上司的指示里接收到几分之一的信息，没办法揣摩出上司的本意，只能靠想象来完成工作。

可想而知，这样工作的压力是非常大的。摸着石头过河，最后自然无法按照上司的想法完成任务。

例2：把部下推进水里，希望他能自己游泳的上司

有些上司会把复杂的工作交给部下，不加辅导和支援，希望他们能靠自己的力量完成任务。这就是喜欢把部下推进水里，期待他能自己游泳的上司。

有些部下确实工作能力较强，积累了较多的经验，被"推进水里"也能做到自行完成任务，然而，有些部下还没什么经验，也会被这些上司采取同样的方法进行锻炼。这类上司错误地认为，这样做才能让部下成长起来。

例3：认为"部下就是为上司而存在和工作"的上司

认为"部下就是为上司而存在和工作"的上司也不在少数。他们甚至认为自己可以操控部下的全部，甚至是私生活，觉得部下就是为了自己而存在的。

他们从不体恤部下的心情，甚至没有思考过这个问题。这种人一般会对自己的上司点头哈腰，对部下却耀武扬威，是典型的软骨头上司。

例4：从没想过要培养部下的上司

也有很多上司只会让部下完成工作，对部下的成长却毫不关心，甚至连个建议都没有。他们认为培养部下不是自己的工作，"有能力的部下自然会成长起来"。

这样的上司只知道竭尽全力处理眼前的工作，却不知道培养部下也是公司赋予的重要使命。

他们不会想起自己的部下已经跟随自己多少年，只记得"反正他也没什么怨言，就这样一直给他工作就行了"。

例5：认为部下一旦成长起来，自己将会失去地位的上司

"如果我让部下成长起来，自己不就没地位了吗？"有些愚蠢的上司因为这样的顾虑，故意不去培养部下。

他们对自己没有自信，总是害怕自己的部下会比自己有能力，担心如果部下这样继续成长下去，一定会被人发掘出来，整天为此惶恐不安。

例6：拖部下后腿的上司

令人惊讶的是，这个世界上还有会拖部下后腿的上司。这样的上司不去思考如何安排好部下，把团队的效率最大化，而是更加关注自己的地位，嫉妒部下的能力或威望。因此为了不让部下成功，他们会用尽各种手段拖部下的后腿。

另外，他们拖后腿的方式很巧妙，不会被部下或周围的人发现。一部分人即使看穿了上司的此类行径，也会因为害怕报复而不敢鲁莽行事。这样有心计的上司实在是让人毛骨悚然。

例7：不要求上司去培养部下的"上司的上司"或者公司

这就不只是上司的问题了。有些公司不但不要求上司培养部下，甚至觉得培养部下耗费精力且没有意义，因此还特别指示不允许上司培养部下。在这样的环境下，上司只会关注自己的业绩，对部下却不闻不问。如果没有上司的上司或公司支持，部下即使想要自主学习、提高也是步履维艰的。

〔2〕
不要混淆"责任"的含义

　　身为上司，应该深刻理解到为什么自己会是上司，被赋予了怎样的期待。然而事实上，很多上司甚至不能正确理解身为上司的责任。很多上司忘记了自己也曾身为部下，也曾对上司的做法义愤填膺，逐渐成为对自己的责任全然不知的上司。

部下为何而存在，上司为何而存在

　　一个人能做到的事情毕竟是有限的，所以才需要两个以上甚至是几十个、几百个部下来协助工作。如果上司能与部下成为共同完成任务的好伙伴，就能让工作成果获得最大化。这就是工作中的正常的上下级关系。

作为上司的领导人物每次发出指示，部下都要理解指示内容和工作方向，发挥自己的角色作用，从而做出贡献。如果无法做到正确理解，就有必要向上司仔细询问，甚至要针对工作稍作探讨。

这里说"稍作"，是因为如果想要更好地完成工作，不能总是去找上司探讨。毕竟有许多工作是必须经过亲自探索才能做到的，如果不管什么事都要彻底地理解上司的想法之后再行动，肯定无法按时完成任务。所以在实际工作中，要通过实践来逐步理解和确认上司的用意，并对自己的行动做出微调。

既然"上司有责任"，那么"部下也有责任"

我们经常听上司会对部下说"你要负责"。部下明明是按照上司下的指示工作，上司们却不问自己的过失，摆出一副事不关己的样子责备部下。

上司是组织的领导人，应该对这个组织的一切负责。与此同时，部下也应该对自己被安排的任务负责，尽心尽力做好分内的工作，获得上司所期待的成果。这都是理所当然的。

打个比方，"上司的责任"是一把伞，走到伞下才能知道"部下也有责任"。

努力尽到"公司的责任"

不管上司有多出色，多想尽到上司的责任，但如果公司不好好尽到"公司的责任"的话，上司是无法兑现责任的。

职员的人事测评、是否要升职加薪，不是仅凭一个部门上司的想法就能决定的，而是根据公司制度进行决策。但是，上司有能力影响这些决策，他们或是向部下隐瞒人事测评的判断标准；或是以太过年轻为由否决公司提拔"可用之才"的提议；或是拿出自己曾经拯救过公司、做出过贡献的立场，哭诉奖金分配是不公平、不合时宜的，用尽一切手段也要阻止公司为部下创造利益。

因此，上司的上司，也就是公司的董事长，或是被称为CEO的首席执行官，这一层的上司能否尽到"上司的责任"是公司一切事务运行的关键。由此可见，每一层上司的行为都关系着公司的正常运营，这是一份无法推卸的责任。

但是，很多经营者都没有这样的意识。他们大都认为人才培养是中层干部的工作，自己只要做甩手掌柜就好了。

当然，一般公司确实会有专门培养管理人才的部门，负责提供某些培训项目。可是让中层干部既要在本职工作上做出成绩，又要站在经营者的视角上培养部下，确实不如经营者本身对这些部下的直接影响大，因此，经营者们很有必要在这方面多下功夫。

不过本书中所说的上司更多的是指一般的上级，希望各位上司能站在这样的立场上阅读本书。

〔3〕
"以世界级水准大显身手的上司"看待事情的基本方式

那么，上司应该怎样思考、怎样行动呢？首先，让我们抬高视角，观察"世界精英级的上司"是怎样工作的。说是抬高视角，其实从部下的立场来观察也是没有问题的。甚至可以这样说，以部下的立场观察这样的上司，会更有助于理解自己上司的想法。

原则1：明确工作方针，将部门的工作成果最大化

世界级水准的上司会在了解公司方针的基础上，时刻明确本部门的硬性指标、解决对策、组织形式和投资方针等内容，争取将本部门的工作成果最大化。

根据销售情况和竞争格局进行高效率的应变，根据不同需要灵活

更改工作方针，认清现实、放眼理想，把握好两者的平衡，达到最初的目标。

原则2：最大限度地发挥部下的能力，做出成绩

世界级水准的上司会为了最大限度地发挥部下的能力而竭尽全力，因为只有这样才能够让商战的发展势头更加偏向自己。我们热衷的足球、棒球和橄榄球等运动的教练都是这样工作的。

虽然商业场上并不像体育界那样频繁地进行人员交换，但优秀的上司都会想尽各种办法去发挥部下的能力，以便更好地做出成绩。

原则3：不断取得成果，以最快速度、最大限度来培养部下

世界级水准的上司会使团队不断取得成果，以最快速度、最大限度来培养部下。这样的上司不会把部下当作工具用完即弃，而是时刻思考怎样与部下交流，怎样给予部下发挥能力的机会。

他们会了解每个人的特点、性格、擅长与不擅长的领域，放眼数年后，钻研出最有效率的分工方式、锻炼领域和工作流程。绝不会像少数目光短浅的上司一样任意驱使下属，使部下无法得到成长。

工作难度大时，这样的上司会为了不让部下丧失动力而尽量降低工作难度，并做好后援。绝不会毫无责任感地让部下独自完成任务，更不会说"这项任务你能不能完成，是你的责任，跟我没关系"。

原则4：相信部下成长的可能性，积极与部下交流

世界级水准的上司衷心相信部下能够成长，并与部下积极进行交流。如果部下出了一点小失误也不会打压部下的积极性，不抛弃，不放弃。每个团队都不可能是常胜军团，因此，更需要让现有的成员最大限度地发挥能力。

这样的上司会把部下当作自己一样放在心上，时刻关注培养。

虽然这样做对上司自己也有好处，但还是有很多上司想不通这件事，或是因为事务繁忙心有余而力不足，无法跟部下积极沟通。

原则5：根据个人特色培养部下

世界级水准的上司非常明白每一位部下都有着自己的特色，要尊重他们的个性。

有些部下喜欢给自己定下略高的目标，让自己更加努力；有些部

下则喜好定下略低的目标，让自己每次都大大超过预期完成任务——光是设定目标这一点上，就能看出人们的不同特点。

对此，他们既会经常分享自己作为过来人的工作经验，也一定会尊重部下不同的个性和价值观。

原则6：不会为了自我满足而培养部下

世界级水准的上司之所以培养部下，是为了本部门，也是为了部下本人，更是为了公司发展，绝不是为了自我满足。

有些上司为了满足自己的想法，没有制订最适合部下的培养计划，而是一直让部下给自己打下手，培养起来漫无目的；或是把部下留在身边15年，只做同一项工作。他们自以为对部下很是重视，却严重地妨碍了部下的成长。

原则7：不把部下当作消极情绪的发泄对象

世界级水准的上司在做不出成绩的时候，或是忙得心烦意乱的时候，都不会通过谩骂部下来发泄情绪。部下们是来公司工作的，他们签的是劳动合同而不是卖身契，绝不是可以随意谩骂的对象，更不是发泄消极情绪的工具。

没有什么理由可以让上司对部下说"你还有脸领工资！""你还有睡觉的空闲吗？没让你24小时上班就不错了！"或是强迫部下无故加班加点。很多上司给自己找理由，让自己的言行看起来正当无误，这种做法毫无疑问是错误的。

上司与部下，说到底只是在公司这个大环境里，在人生的某个时期一起工作而已。大家只是在合同的制约下，成为了发出工作指示的一方和完成工作指示的一方而已。

原则8：部下不是上司的奴隶

有很多上司不只是把谩骂和发泄情绪当作理所当然，甚至觉得"部下就应该服从上司的任何命令""拿了工资就要听领导的，什么都得干"。

一些上司即使嘴上不说，态度上也没有表现出来，心里却也是这么想的。

这样想的理由无非就是"因为我也是这么过来的"。世界级水准的上司绝不会独断地认为"部下不骂不成器"，不考虑任何后果地苛待部下。

原则9：上司要负起培养部下的责任，而部下则要负起成长的责任

世界级水准的上司会彻彻底底地让部下成长起来。培养部下既是上司的重要工作之一，也是让本部门的工作更加高效地完成的必要条件。

这些上司或是为了眼前的成绩而培养部下，或是为了以后扩大业务而储备人才。他们从心底里相信"培养部下是上司的责任"，并且将这个信念贯彻始终。

另一方面，尽快成长起来也是部下自己的责任。不管上司怎样尽心指导、勤加锻炼，如果部下自己不下决心成长是无法成长起来的。这就好像在赛场上，教练满腔热忱地提出正确建议以后，体育选手也需要经过超乎常人的努力进行练习，才能获得最终的胜利。

原则10：让部下领会到自己的用意，积极学习自己好的方面

即使是世界级水准的上司也不可能是万能的，不可能每次下达指示都能准确到位。毕竟上司也是人，也会有身体不适、心情不好的时候。当遇到棘手的指示时，部下要做的不是对上司吹毛求疵，而是从不太明确的指示中尽量领会上司的精神，更有建设性地投入到工作中去。

对于较为抽象的指示和与最初完全相反的指示，当然需要跟上司再三确认过再执行。但其实更多的时候，只要稍作思考，就能领会到上司的意图，知道上司想要什么。所以，部下在面对眼前的工作任务时，可以先锻炼自己领会指示精神的能力，等遇到疑难问题了再去找上司探讨。

当然，这并不代表上司应该多下达一些模棱两可的指示，作为上司依然需要做好整个部门的指令官。但是从部下的角度来讲，棘手的指令正是让部下们努力工作、积极学习的好机会，可以让部下尽快成长起来，让整个部门充满生气。

我认为任何一种工作都可以提高几倍速度来完成。作为上司，应该经常回顾自己做过的工作，不管是邮件和文书的写作、信息收集，还是对部下下达的指示，都需要多下些功夫。像这样每天都对工作精进一些，工作效率也会逐步上升。

有时候因为上司对部下下达了模棱两可的指示，导致得不出预想的成果，最后不管怎么训斥部下也没办法解决问题，连挽回失败的时间都没有。仔细想想，这些情况不都是可以避免的吗？

在接下来的内容中，我将会详细说明如何让部下发挥稳定，做出预期的成绩。

第一项实践

与部下建立通力合作的关系

第二章
Chapter2

〔1〕
从第一位部下开始，放下身段，尽快适应领导角色

完成从演员到经纪人的角色转换

有智慧的上司会在不知不觉间完成从演员到经纪人、也就是从部下到上司的角色转换。作为演员，可以通过个人的努力来制作出优秀的影视作品，通过独特的演出风格获得大众关注、创造更高的经济效益。

能做一名优秀的演员，不一定能成为优秀的经纪人。演员的长处在于可以密切接触观众，获得第一手情报；而一旦成为经纪人，这些战斗力将会全部丧失。因此，演员需要做出一些转变，才能成为一名合格的经纪人。

要成为优秀的经纪人，可以通过以下措施来武装自己：

· 虽然无法像过去一样身临其境地体验基层工作，但通过现在的部下或者高层的反馈，仍然可以详尽地把握目前基层的工作状况。

· 更深刻地挖掘顾客需求，抓紧一切机会加强业务方面的学习。

· 为了更好地转换角色，要时刻关注顾客需求，这才是作为上司必备的技能。

如果能够正确地安排部下的工作，曾经是"演员"的上司也可以做出比过去一个人工作时更好的成绩。一个人工作的时间是有限的，部下却可以分担一部分工作，通过几个人的共同劳动，工作效率会更高，获得的信息也将是加倍的。

虽然一开始会有些不熟练，但是作为一名合格的上司，有必要习惯正确把握全局、运筹帷幄，掌握好与部下、与上司沟通的技巧。

即使过去作为部下有多优秀，如果升职为上司后不能调整好自己的角色和立场，可能会因为无法做出正确领导而发挥不出过去的战斗力。不管是上司本人还是新部下们都会因此阵脚大乱，工作也只会事倍功半。

如何成为一名合格的"经纪人"

实际上，工作能力是否优秀，与是否具有领导才能是没有必然联系的。只要参考后面文章中所介绍的内容，就可以将基层工作时期的优秀能力发挥到领导工作中。

为了最大限度地发挥团队的整体效能，要将演员视点转换为经纪人视点，从团队领导的角度上纵观整体布局，认真计划、采取不同的工作方案。

看到这里，仍是部下的职员们也许觉得这一部分文章是给上司们阅读的，认为"这些都跟我没关系""我只要负责提高业绩就行了"。但是，团队正是由若干部下组成的，如果养成经常思考的习惯，多观察团队整体的作用、自己在团队中的作用、团队中其他成员的作用，一定会对今后的职业生活有所帮助。

因为上司正是在过去的工作中不断积累经验、养成价值观并在面对难题时学习正确的解决方式，才能在升职之后对团队进行合适的分工调整，根据每个成员的优点和成长方向，明确每个人的责任和权限。

■一个合格的经纪人应有的素质

· 为了最大限度地取得工作成绩，认真策划、整理不同的工作方案

· 以周为单位分阶段管理，为团队的每个成员分工

· 关注每个成员的情况，调动部下的积极性

· 与其他部门处理好人际关系，工作更方便

· 经常向公司上层汇报工作，做好上下级协调，更容易获得多方面的协助

· 灵活运用外部资源

......

√ 经纪人要关注整个团队和团队中的每个成员

详解：

任何人都不可能让团队一次成型。上司需要预先描绘出理想团队的形象，发现差距后对其中的一部分进行修正，在经过不同的磨合之后，得到理想的团队面貌。

基层工作时期，部下只要考虑自己的行动，几乎是在下意识的情况下根据上司指定的工作模式进行工作，而上司则需要以周为单位分阶段管理，为团队的每个成员分工，因此在成为上司之前，部下应该认真地审视自己的工作态度。对于上司来讲，部下的工作能力略低，如何为每一位部下设立目标，决定具体的工作内容并掌握团队的工作进程，将是一项重要的职责。在适应一段时间以后，上司自然可以学会根据部下的不同能力进行明确的分工。

部下只需要在上司的领导下关注顾客的消费动向，而成为上司之后则需要同时关注和观察每位部下的情绪和工作状况，时刻注意调动部下的积极性……与开发新产品和发展新客户等比起来，这些事情还是比较简单的。

作为上司还有必要养成了解其他部门工作目标的习惯，并且要站在对方的立场上思考如何完成这些目标。如果只是从自己的角度思考，很容易触犯对方的利益，最终导致在需要合作的时候到处碰壁，甚至要让高层出面调解，导致工作的进展深陷泥潭。

上司要通过观察、主动探讨来揣测、确认公司高层对于本部门的期待，以及工作报告的频率。有时候就算主动探讨，高层也未必会给出明确的答案，甚至可能会引起高层对自己工作能力的疑问，所以，可以选择跟其他平级上司进行讨论。

在与外部进行资源交换时，上司需要考虑对方的利益和目的，思考要以怎样的立场切入话题。当然也会发生前人栽树后人乘凉的状况，之前的上司已经把外部资源整理妥当，现任上司只要继续运筹帷幄即可。

如果做到以上几点，工作仍然不顺利的话，那么上司还要在此基础上做出更进一步的努力。

成为优秀上司的必经之路

每位职员都会经历从"演员"到"经纪人"的角色转换。根据工作时关注的不同事务，有的人可以顺利完成这种角色转换，有的人则需要费上一些力气。

顺利成为上司的职员，一直在思考"每个人分别应该做什么，有能力的人为什么有能力，团队整体应该是什么状态"。他们不仅在工作上做出了自己的成绩，还有精力去帮助自己的伙伴，完全掌握了周围的情况，而周围的同事也会主动找这样的职员探讨工作。

没有顺利成为上司的职员从基层工作时期开始就只考虑自己的工作，完全没有注意到周围的人们在想什么、做什么。所以这些人在成为上司以后，完全无法掌握团队全局，也无法控制整体的工作方向，少数人甚至仍然对周围的事物漠不关心。

虽然上述两种人都会经历成为上司以后适应和磨合的过程，但两者的差距是非常大的。从公司的角度来讲，更希望职员能在转换为上司之前就采取相应的行动，为成为上司做好准备。

当然，也有些职员虽然成不了"经纪人"，但仍然是活跃在基层的好"演员"，这同样是一条宽敞的精英之路。只是对于公司来讲，有能力的"演员"不能成为"经纪人"是一种损失，公司更希望这样的人才能够在更高的舞台上展示自己的才能。因此，建议基层的职员们学习一些上司应该具备的技能。

■具体讲述如何安排部下的工作

· 比起一个人完成全部工作，正确给部下分工可以更好地完成工作

· 认真听取部下的意见，把握团队的需求

· 向部下明确工作目标和完成方法，并努力让他们理解、接受

· 以周为单位进行阶段管理，照顾进度较慢的部下

· 每周召开一次集体会议，提高团结意识

......

√ 尽全力调动部下的积极性

众人拾柴火焰高

刚开始成为上司，可能会无法习惯部下的存在，仍然坚持一个人完成全部工作。因为一旦把工作交付给部下，就有可能发生意外状况，比如工作完成的质量或速度下降。部下还会不停地来找自己询问，可是该问的重要问题却从来不问，全凭自己的感觉做事。想想这些麻烦事，还不如自己全都完成了算了。

可是，一个人做事总有一个限度。你不可能一次会见三位客户，也不能短时间内独自开发出新产品，更不可能一个人就发展出事业来。所以，上司无论如何都应该尽快地适应部下的存在，并早日学会用人。

问题的关键是，怎样让部下更快更好地完成工作，并且根据需求修正整个团队的发展方向。

上司在成为上司之后更应该尽快成长起来，不断挑战新角色、新工作，充满创意地对自己的工作风格进行微调。

平等地看待部下

成为上司以后，总会不自觉地看到部下能力不足的方面，感觉到自己的优越感。做上司的如果没有自信，就会毫无意义地跟别人对着干，为了让自己看起来更有地位，上司们还会揪出部下的缺点跟自己对比。

这样做是没有任何好处的，反而会让部下产生反抗心理："你想嘲笑我就嘲笑好了，早晚会让你后悔。"从而丧失工作的动力。周围的人也会对这种没有气度的上司冷眼相对。

新上任的上司更需要投入精力的是，能否更好地完成作为上司应该完成的工作。怎样给部下设定工作目标，怎样提出建议，怎样组织团队获得成果和建立更适合的管理团队的方法，等等，从第一份工作就能看出上司的能力。

话说回来，有自信的上司会更放松地看待工作，反而不会去嘲笑部下。

作为上司应该知道接下来的工作方向，不勉强，不掩饰，接受部下的合理建议，从而建立正确、高效的工作方针。工作方针一旦定好就不要轻易变动，但只要实际情况有变，就必须根据上下级的利益关系来修改计划。

不论何时都要保持冷静

上司在上任以后，会希望自己能够朝着理想中的上司形象努力，但结果经常是差强人意、甚至是正好相反的。即使再努力，也可能会因为刚刚上任的关系，无法自如地应对新工作，变成不虚心、不民主的上司。

出现问题后，上司应该先在自己身上找原因，而不是在部下面前焦躁不安。很多愚蠢的上司明明是自己出了问题，却没有认识到这一点，把火气发到了部下身上。

其实时刻保持冷静是很难做到的。但是，遇到了让人焦躁的事情，就算是自己生闷气也会带来不好的影响，更别说发泄到部下身上了。

■新上司应有的态度

· 成为上司以后就是刚上任的新手，而部下已经做了多年的部下。这一点要牢记

· 绝对不要看不起部下

· 不要盲目地对部下的工作指手画脚，先好好地听部下讲完他的想法

· 跟前任上司和自己现在的上司交流之后，做出对团队工作的展望和具体路线

· 合理采纳部下的意见，构筑让大家都满意的蓝图

· 定期确认部下的业务进展，尽早弥补其中的不足

· 为了让部下把工作完成得更好更快，熟练操控工作项目的整体运作

√ **做任何事情都要尽心尽力，保持平常心，尽量避免焦躁情绪**

上司是否用心地对待部下，部下全都看在眼里

新手上司为了显示上司的威严，要么会过分地抬举自己，要么会过分地谦虚，无法在新职位上取得心理平衡。这一切变化，部下都看在眼里，时间一久，就会觉得"这个领导成不了大器"。

刚上任的上司肯定是没有经验的，在很多事情上都需要慢慢成长，没必要装出一副什么都做得到的样子，普普通通就好。显示威严更是没有必要，甚至会造成相反的效果。真正的威严是在日常工作中展示出独立自信的品格，发挥出擅长决策的优点，自然而然散发出来的领导气场，是没办法马上就渗透到每个部下心中的。

对于上司来讲，能否"用心地对待部下"是非常重要的工作。所谓的用心对待就是在共同工作的过程中，把对方当作一个平等的人来看待，尊重对方。

有的上司认为，"说老实话，我作为一个上司安排整个部门的工作已经筋疲力尽了，根本没有精力再去关心部下"，如果这种情况属实的话，部下一定会宽容理解的。但上司一定要在短时间内解决这个问题，不然我只能说你不适合处在上司这一位子上。就像汽车开动靠

车轮一样，上司有了部下才能称为上司，部下是值得认真对待的。

如果上司觉得自己不是很想对部下用心，那么应该思考一下为什么会这样想，自己真正想做的是什么，想做的事情应该一个人来做还是需要与人合作，甚至于自己是否适合做上司。有很多上司由于家庭环境或心理阴影会对别人有些不友善，但是在职场上，如果不用心对待部下，那么对部下和公司来说都会造成非常不好的影响。

〔2〕
更好地理解部下

把握部下的优点和成长方向

上司有必要充分把握好部下的优点和成长方向，这是与部下共同工作，做好团队领导的基础。

我想有很多上司都把心思用在了完成自己的工作上，没有心思去了解部下能做什么，在做什么。每一位部下都有不同的优点或强项，也需要规划不同的成长方向，这些都可以从前任上司那里打听得到。部下对上司的看法直接影响到双方的关系，所以在跟前任上司交流时，也可以关注一下部下与前任上司的关系。不过人都有好恶，他们在介绍关系较好的部下时，态度会很宽容，但在介绍关系不好的部下时则会相反，在这一点上可以通过对方说话时的声音和表情来辨别。

在与前任上司的交流中有选择性地得到情报以后，再经过慎重的分析，就可以得到对部下们的大致结论了。

大部分上司因为之前就在这个职场圈子中工作，观察前任上司与部下人际关系的机会应该有很多。即使如此，你看到的仍然只是这些人际关系中小小的一部分而已。剩下的部分就需要在跟前任上司交流的过程中逐渐补充了，前任上司会告诉你很多你完全不知道的事情，从团队领导和团队成员的双重立场来看，也许你对整个团队的看法会有很大的改变。

另外，可以尽可能地从部下的前辈或同事那里获取情报。直接询问会导致各种不好的猜测，所以要谨慎小心地询问。相比之下，部下的前辈比同事要好说话一些。

当然，日常工作中也可以观察职员的优点和缺点。在充分掌握部下的情报以前，最好不要给部下安排难度较大的工作，以防出错。在工作初期，最好能让部下从成功的事例中学到东西，这样要比从失败中学习更有效果，部下本人也会更有自信，成长也更加迅速。

职员本人也是重要的情报来源。上司最好能在一年中为每个职员分配一个小时的时间，分别在每个季度安排15分钟进行面谈。15分钟只是个大概数，可多可少。但不管安排多长时间，这都是上司与部下建立信赖关系的重要过程，也是关系到工作本身能否高效完成的关键，因此，这是一项非常值得投入时间的事务。

在跟职员本人交流时，有些事情需要注意。根据对方的性格、在公司的交流方式和工作立场，你会发现职员的优点分为三种：

· 他的优点不太明显，本人却表现得很夸张。

· 明确了解自己的实力，并且没有过度地表现出来。

· 过分放低身段，隐藏自己非常优秀的能力。

中间那一种类型的职员很不常见。在日本，第一种夸大自己能力的人不是很多（欧美则有很多这样的人），更多的是过分放低身段的人，一半的人认为自己确实是能力不足，另一半的人则认为谦虚一点没有坏处，这样的情况就需要通过面谈来确认了。

不过，还有很多职员连自己的能力都不知道，更别提夸大或是隐藏了。这样的职员不在意别人的看法，也不在意自己的能力在世间看来是怎样的水平，只是默默地完成属于自己的那份工作。

也有些职员还没有找到自己擅长的工作领域和工作模式。上司的责任就是在日常生活中找到部下的这些未知属性，这也是提高自己领导能力的好时机。部下的成长情况关系到团队的整体气氛，通过发现部下未知的优点，可以让整个团队的战斗力都加倍提升。

关于部下的成长方向，并不只是让上司发现职员擅长的领域，更需要上司发现部下的人性本质，深刻理解部下的内心想法。比如某位职员不擅长与其他部门交涉，上司需要去理解他为什么会有这样的心理阴影，过去发生过什么，搞清大体上的背景故事。

不少上司不敢正视部下的成长问题，也不敢直截了当地组织团队。他们觉得"我只要观望全局，部下的事情交给他们自己好了"，部下是部下，上司是上司。作为上司确实有许多重要的分工需要集中精力去完成，但是组织整个团队也是很重要的工作。

人无完人，毫无缺点的上司是不存在的，所以上司本人也一定会有很多想要提高的方面。在向部下提出意见时，上司可以反观自己身上的缺点，从而给自己努力提高技能的压力。

■如何发现部下的优点

·不要犹豫，直接问本人

　不管是谁都会有喜欢做的事和做得比较熟练的工作。

※比如文书写作、数据分析、收集信息、客户访问和商品销售等。

　有些职员没有发现自己在某方面有才能，所以要通过在平时的工作

中仔细观察并收集相关情报。

　不根据自己的好恶，而是根据部下的长处和意向来安排工作。

·部下能否投入到本职工作中，也是调查的重要指标

※能否投入不是指部下是否喜欢当前的工作，而是指部下是否熟练并

　擅长这项工作。

·学会称赞部下，比如跟其他团队的成员比较之下对方的成绩更加突

出，让他感觉到自己的价值，并对工作产生热情

∨ 找到能够让部下投入热情的工作

了解部下的工作经验、担当职务和工作成绩

上司应该详细地了解部下在过去5～10年间从事着怎样的工作，且在这项工作中起到了怎样的作用。这些信息都可以通过与前任上司或者部下本人交流来获得。

部下的各类信息中，最需要关注的就是"部下所担当的角色和从事的具体事务"。

比如，从"在新业务项目部门做了两年产品企划"这样的信息中，不能只想到"原来如此，这位同事很有这方面的经验啊，下次有项目就让他来做企划吧"。因为这位职员也许会很擅长这方面的工作，也有可能是不擅长的。所以在交流的时候，要问清对方在以前的企划工作中担当哪个部分的工作，是负责主体还是打打下手，这样才能知道对方真正在做什么工作。

如果对方只说"我做过销售""我做过财务""我做过市场营销"，那就有些危险了。所谓做过销售，客户群是面向大企业还是中小企业，所销售的商品是奢侈品还是日用品，销售方式是直营还是代理，都有很大的区别。在过去的项目中所担当的角色是负责人、中坚

骨干或者普通成员，都代表着不同的工作经验和工作水平。

有针对性的询问最有效果。比如"过去在工作中有过怎样的失败？怎么解决的？""你是怎样应对工作环境的变化的？"像怎样看待失败，怎样总结失败的教训，怎样挽回过去的失败，怎样防止失败再次发生，怎样看待工作环境的变动以及怎样对应，都是了解对方视角、思考方式和把握问题、解决问题的能力的万能提问。

了解部下的价值观和工作态度

上司有必要了解部下在工作中的价值观和工作态度。即使与部下的年龄只差几岁，价值观也会因为时代不同而有所变化。如果相差十岁以上，彼此的价值观差距会更大。

如果你觉得比自己小十到二十岁的部下跟自己很投缘，虽然有一部分兴趣相投、价值观相近的原因，但主要的原因可能是这位部下在非常努力地迎合你。

在价值观上，首先要明白："你不可能想象、臆测出别人的价值观"。

自己觉得理所当然的事情，在别人眼里也可能是完全无法接受的。在踏上结婚生子、教育子女等人生舞台以后，还会不停地发生变化。

　　像价值观和工作态度这样抽象的问题，即使询问部下也不一定能获得真正的答案，而且如何询问也非常费脑子。这需要上司平时多注意收集这方面的信息，找个合适的机会委婉地询问一下，而且要发挥想象力，时刻反观自己的想法，尽量不要主观臆断。用这样开放的态度面对部下，会更容易传达自己的想法。

■上司和部下之间在价值观上可能有所差异的事例

· 工作、家庭与私生活的比重

· 是以公司为主还是以私生活为主

· 自身的成长、学习和赖以生活的工作

· 真正想做的事情和不得不做的事情

· 内心期望的下班时间和休息时间
（有了孩子以后在工作时间上会有些限制）

· 对加班的看法、好恶程度
（如何看待节假日上班）

√ 上司和部下的价值观本来就是不同的

了解部下是怎样与曾经的上司协作以及怎样执行工作指示的

有一件事很重要，但一直不被人重视，那就是"了解部下是怎样与曾经的上司协作以及怎样执行工作指示的"。在升职为本部门的团队领导以后，除了回想部下们与前任上司的关系以外，还可以通过询问前任上司和部下本人了解这些。

如果不事先确认好这些问题就开始工作，上司与部下可能会在工作的过程中产生很多分歧。上司没有通过了解过去的工作模式来为自己建立模板，也没有合作完成项目的成功经验，只会不自觉地按照自以为合适的方式与部下相处。

部下们早就习惯了过去的工作模式，只能默默地用过去的工作方式配合上司。新上司再观察部下的工作状况，然后改进自己的领导方式。

较为圆滑的部下（圆滑不一定代表有能力）会马上了解上司的做事风格和习惯爱好，并给予配合，但这也会相应地产生一些问题。

■了解部下是怎样与曾经的上司协作以及怎样执行工作指示的

- 要求谈话的频率和内容

- 对工作品质和效率是怎样要求的

- 短时间内如何提高工作品质

- 工作报告书的内容和质量

- 是否如实完成了向上级报告的工作内容

- 可以接受什么程度的加班

√ 了解部下的需求

认真、耐心地聆听部下的发言

新上任的上司应该认真、耐心地聆听部下发言。部下在新上司的面前会很紧张，有可能无法全面地说明自己过去担当的工作和所遇到的问题，这个时候上司不要烦躁，要平静地听完对方的陈述。

如果心里想着"怎么还没说完""我可是很忙的"，脸上是会表现出来的。这样的负面情绪一旦被部下看在眼里，会让他更加惊慌失措。

因此，上司不只是要温和地倾听，还要注意不要"先入为主"。所谓"先入为主"，是指部下因为不得要领而无法充分解释自己的工作时，上司已经对谈话内容产生了固定印象："原来如此，重点就是这件事吧，那就这么办吧。"就这样，还没有确认部下真正想说什么，也没有让对方说的意愿，直接推测出答案。

上司还没有听到部下的心声，就认为"拖泥带水的报告真是太浪费时间了，幸亏我提前理解透彻"。如果工作经验丰富的上司因为先入为主而搞错了部下想要传达的主题，部下就会觉得"作为上司完全不会倾听别人说话""也许他对部下根本就毫不关心"，甚至认为

"以后有什么事的话就算跟他说也没用"，恐怕就此再也不会找上司认真地谈话了。

如果对方不擅长表达，可以适当地做一些引导性的提问，等待对方的心态恢复平静之后再慢慢进入正题。一边倾听，一边仔细确认"是这个意思吗"，对方会比较容易沉着下来，表现出平时的状态。这样既能了解到部下真正想说的，又能让部下对自己产生信任，简直是一箭双雕。

这样的方法对于以前的部下也是有效的。先认真听，再仔细问，才是高效谈话的开始。

不把自己的喜好和工作方式强加在部下身上

不要把自己的喜好和工作方式强加在部下身上。每个人都有自己的性格，即使是在上司手下成长多年的部下，应对工作时的状态和心态也会有很大的不同。

上司不会对自己的喜好和工作方式感到有疑问，甚至觉得是理所当然的，但在部下看来，上司的做法只是一种参考，甚至还有些过时。上司与部下对公司的感情和期待一定也是不同的，在这个跳槽越来越普遍的社会，社会常识早就更新换代了好几次，所以现在已经很少有对公司有着深厚感情的职员了。

不用"能干"和"无能"去区别部下

有很多上司会用"能干"和"无能"两个范畴去区别部下。对于"能干"的部下，就不加掩饰地偏袒、宠爱，谈话的频率也明显要比他人多；而对"无能"的部下则日渐疏远，还会没有理由地提出苛刻的要求，不要说不愿意跟对方说话，连增进理解的欲望都没有。

能干的部下可以接手较高难度的工作，会自主挑战更高要求的事务。这样的部下会在自己的工作中下足功夫，认真听取周围同事的建议，从而能够跨越工作中的障碍，成长得越来越迅速。能干的部下可以并且渴望跟上司顺畅地沟通，因此谈话频率也会上升。唯一需要注意的一点是，为了让这样的部下不至于变成马屁精，不会看不起别的同事，上司一定要把握好分寸。不然的话，部下就会走向失败的道路。

对于能力不够的部下，上司要更加细致地跟进对方的工作，更加频繁地进行工作上的交流。上司觉得简单轻松的工作，对于能力不够的部下来讲也许是个难题，甚至会打消对工作的自信心。这个时候，上司要抛弃"我年轻的时候……"这样的思考，从对方的角度出发，才能让工作成果达到最好的水准。

以理解能力和工作能力的高低作为基准来管理部下

按照下面的图表来总结部下的特征，并以此为基准来对待部下们的话，会更有利于理解部下的想法。在这个图表中，横轴代表"理解能力"，分为"不好沟通""一般"和"容易交流"，而纵轴则代表"工作能力"，分为"高""中""低"三种。

在这九格中，在适当的空格写入部下的名字。有几个人就填几个名字，当然，同一格里可以填写若干人（图中用字母代表人名）。

这样，填写在右上角空格的部下就是"工作能力与理解能力都较高的"，可以较为准确地理解工作要求，更顺利地完成任务。

而左下角的部下则是"工作能力与理解能力都较低的"，在交付工作任务时要多加注意，为了让这位部下能够顺应自己的期待完成任务，要多费心思来加深对方对工作内容的理解。

■对待部下的几种方法

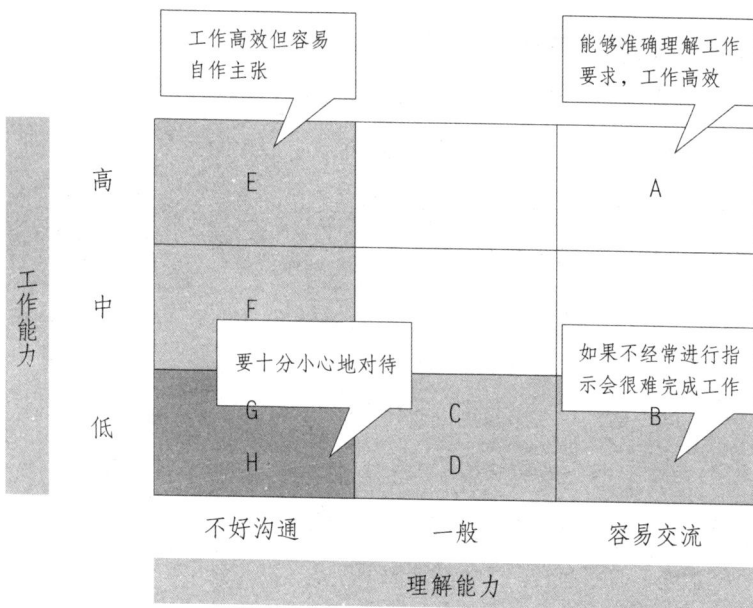

工作高效但容易自作主张

能够准确理解工作要求，工作高效

要十分小心地对待

如果不经常进行指示会很难完成工作

工作能力

高

中

低

E

F

G

H

A

C

D

B

不好沟通　　　　一般　　　　容易交流

理解能力

不要因为某位部下是校友或老乡就偏袒对方

在现代社会，校友是个很普遍、也很便于和人产生感情的词。很多上司会对同一大学毕业的部下给予特别的照顾，比如，把容易做出成果的工作优先交给校友，在工作中处处指点，还会带到工作酒会上露脸。对于不同大学毕业的，或者高中、专科毕业的部下，甚至会不放在眼里。

另外，上司的同乡也是容易获得照顾的。虽然跟同乡交流的话会比较顺畅，但是在公司这样的场所，还是公私分明比较好。

校友或者老乡这样的存在虽然有一定的好处，但总体来讲，会阻碍团队的团结和沟通。灵活利用自己的毕业学校和出身地，可以拓展自己的人脉，但这不能构成偏袒部下的理由。偏袒会给部下带来上司公私不分的印象，还会打消其他部下工作的积极性。其他部下也是信息共享的重要角色，只有全面照顾到，才能更好地促进合作关系。

〔*3*〕
充分信任部下

作为上司，应该争取部下的信任

上司如果没有被部下充分信任，是指挥不好整个团队的。不管上司有多能干，但仍然有很多工作仅凭一个人是无法完成的——这些工作正是需要团队协作来完成的。如果部下们能在上司的指示下有条不紊地完成工作，就说明这位上司是一位统率团队的好领导。

但是，又有多少上司会把得到部下的信任作为工作指标，并且努力贯彻到底呢？

很多上司对部下要求非常严格，迫切地希望能达成眼前的业绩、争取按期交货，却从未想过要得到部下的信任。

要获取部下的信任，不需要特意做些什么，只需通过平时的言行去感染部下。有些上司没有意识到自己的哪些言行会招致部下的不信任，因此也无从改善。即使偶尔想起来去巴结部下，也无法让部下打消心中的顾虑。

要想获得部下的信任，有必要把自己平时的言行都写在纸上（如56页表格），好好总结其中的优缺点。

信任不是一朝一夕就能建立的，只有正直的人才能获取最后的信任。

■如何让部下按照指示完成工作任务

· 上司发出的指示应当详细具体，不会引起疑问

· 值得信任的上司发出的指示也是值得信任的

· 按照上司的指示行动的话工作会更加顺利

· 周围有曾经因上司的指示而受益的人

· 部下们都对上司抱有信任感

√ 部下对上司的信任是顺利完成工作任务的制胜法宝

■上司要时刻注意、反省自己的言行

- 部下对自己信任到什么程度？

- 怎样的言行会辜负部下的信任？

- 部下所信任的上司都是怎样做的？

- 部下是怎样看待、对待不信任的上司的？

- 部下不信任的上司都是怎样做的？

- 如果部下不信任自己，会有怎样的结果？

- 自己应该在哪方面进行改善？

√ 观察自己的部下是否信任自己

认真地与部下交流，才能打开部下的心扉

想要得到部下的信任，有个最简单、也最有效的方法，那就是认真地倾听部下所说的话。

很多上司会在听部下说话时打断谈话、先入为主，甚至完全听不进去。

其实，只要拿出认真倾听的态度，部下对自己的态度就会产生很大的改变。这件事很容易做到，只要你愿意，现在就可以实施。

有的上司会抱怨没有时间去听部下讲话，连一点点空闲都不愿意拿出来跟部下分享。可是，如果不好好倾听部下的心声，得不到部下的信任，就没办法顺畅地交流，自然就无法顺利地工作。长此以往，上司就会没完没了地训斥无法完成工作的部下，更腾不出时间与部下交谈，就此陷入恶性循环。但如果整个团队的运转进入了正轨，上司甚至会闲得发慌，自然就有时间去思考几天后、甚至一年后的工作安排。

但是，直属部下超过15人的话，上司会无法抽出时间一个一个地

单独谈话。这种情况下，可以挑选出10名部下直接谈话，将其他成员安排给这几位部下进行交流。

对工作采取一视同仁、不意气用事的态度才能逐渐获得部下的信任

要想获得部下的信任，只与他们谈心是不够的。认真倾听只是打开了部下的心门，此后部下会一直关注上司的态度，只要稍有厚此薄彼的行为，部下就会改变对上司最初的印象，开始保持警惕。

所谓厚此薄彼，就是对上司阿谀奉承，对部下严厉苛刻，而对喜欢的部下却又笑脸相迎……也就是说，仅凭自己的心情好坏去区别对待别人。这样的心态，虽然上司本人觉得自己掩饰得天衣无缝，周围的人却全都看在眼里。

意气用事的上司在部下看来是非常不好接触的。在普通的交流中部下也可能会被训斥，制作资料时会被找茬，只能像供奉神仙一样对上司敬而远之，与上司的距离也越来越远。部下对这样的上司只会产生幼稚的印象，对他的领导能力也会产生很大的疑问。

所以，如果想要在工作上做出一番成绩，那么部下做错事了也不

要感情用事，努力成为让部下安心的上司。

也许有人会说"我就是比较容易激动的人，没办法""如果没有感情波动，工作起来就太没意思了"，可是这样的人多半不敢对上司采取这样的态度。因为他们知道这样做不恰当，而且是对自己不利的，所以在面对上司的时候可以控制住自己的冲动，对部下却从不收敛，只是想使性子而已。

尤其是"如果没有感情波动，工作起来就太没意思了"这样的想法，看起来实在像是诡辩。谁都会有感情波动，但这跟"发泄感情"是两码事。"发泄感情"只是因为无法控制好自己，而把怒气发泄给别人，是会令人非常苦恼的。

即使可以控制情绪不向别人发泄感情，也不要一个人消沉，更不要过度地煽动气氛，这些都是部下无法适应的。上司一个人消沉的话，还需要部下反过来安慰上司；上司过度地煽动气氛的话，还需要部下打起精神配合上司的心情，时间久了更是不愉快。不管是哪种表现，都会让人觉得你是个幼稚的上司，只能敬而远之。

【总结】如何能获得部下的信任

- 认真倾听部下的话

- 一视同仁，贯彻始终

- 不感情用事

- 不拍上司的马屁

- 不对部下的工作挑刺

- 尽心尽力领导整个团队

- 能做出一番成绩

√ 一切都以认真倾听部下的话为出发点

部下的信任来自于平时的言行

在做到认真倾听、一视同仁之后，还需要在平时的工作中注意言行，才能得到部下的信任。

当你开始认真倾听部下的话，让部下觉得"哎！今天的上司有点不一样"，又通过一视同仁、不感情用事来获得了部下的初步肯定，这才是获得真正信任的开始。只有在之后的工作中也贯彻始终，对所有人一视同仁，不对上司溜须拍马，也不对部下挑刺，带领整个团队做出几次好成绩以后，才能巩固在部下心中的印象。

因为即使部下相信上司本人，但如果上司没有能力，部下也只能想"虽然这位上司人很好，我也很想支持他，但是实在是靠不住啊"，没办法完全把信任托付给上司。如果上司在认真倾听、一视同仁并且不感情用事的基础上，还有很强的工作能力，还能领导部下成功完成任务，那么上司本人也一定会有所成长。

有人会觉得这样要求太高了，根本不可能做到，一旦这样想，就很难成长起来了。

"领导整个团队"和"做出一番好成绩"这两件事，不管什么时候都是一大挑战。但是世上无难事，只要肯登攀。做不到的人之所以做不到，是因为他一开始就觉得自己做不到吧。

只有一个例外，工作能力强且深受部下信任的上司，可能会因为跟自己的上司相处不来，而在工作中遇到瓶颈。这些状况部下都了然于心，甚至会对这样的上司充满同情，绝不会动摇对上司的信任。

为部下抵挡住外部压力，会产生真正的信任

接下来是最后，也是最重要的一点。

如果一个上司想要让部下真正信任自己，就要应对好自己的上司、其他部门和顾客等各方面不正当的压力。所以，除了做好自己的本职工作以外，上司还要面对很多不同的挑战。比如新产品的开发、新技能的市场导入、大规模市场的开拓、成本的大幅削减和海外市场的快速开拓，等等，每一项都不是简简单单能办到的。这些部下也都知道，会尽全力辅助上司工作的。

然而，如果受到了团队以外的不正当攻击，部下们就会失去工作的动力，甚至会失去自信。这时候上司要是能够毅然决然地挡在部下

前方，与部下共同战斗，将会收获部下独一无二的信任。

往往在危急关头，上司都会摆出一副事不关己的样子，这样不光是没有担负起上司应有的责任，还会把好不容易建立起来的信任一举击溃。上司比部下掌握更多情报，也更有政治地位和交涉能力，所以更有能力应对这些不正当的攻击。而且，对自己部下的攻击就是对本部门的攻击，所以上司反而应该迎难而上，拿出"我就是领导，请你不要为难我的部下"的态度，帮助自己的部下，而不是躲躲闪闪。

在这种情况下失去的信任感是无法挽回的，部下甚至会产生很深的怨气。这不只对上司本人来讲是个损失，也会对上司所领导的整个团队造成令人遗憾的损失。

第二项实践

向部下发出具体的指示

第三章

Chapter3

〔1〕

共同商定目标：商定《业绩·成长计划书》

一切都从商定目标开始

向部下发出工作指示的时候，首先要把需要达成的目标展示给大家，并经过商议达成一致。如果对目标不能达成共识，上司想做的内容和部下正在做的内容就可能会走向两个方向。

日本就有很多团队或上司，不先明确整体的工作目标，而是以你一句我一句的简短对话来交流任务：

"能帮我做下那个吗？"

"啊，那个吧。知道了。"

同样的对话在英语国家会是怎样的呢？

"能帮我做下那个吗？"

"那个是什么？"

"就是那个，那个。"

"请你认真一点好吗？"

这大概不是语言差异问题。反而是我们应该反省，是不是我们的说明太粗糙了，让别人不好理解呢？

反过来想象一下，部下绝不会跟上司说"我已经把那个做好了"。可是，上司对部下就可以顺理成章。

退一百步来讲，有些上司也许认为"培养默契很重要"，部下来确认工作内容的时候还会觉得烦。然而，工作不是培养默契的训练。如果不做出更具体、且不易误解的说明，接收到指示的部下会非常困惑，就算想要努力工作也很难找到正确途径。

有些上司甚至觉得明确解释自己设定的目标会有些丢人，因为觉得部下应该知道。"别让我说得那么明白，好吗？这么简单的事情。"

上司的这种想法是非常错误的。上司和部下生活在不同的年代，两者加入公司时的公司规模、风气和事业主题也都会有所不同。

所以，踏踏实实地告诉部下你想要什么、希望得到什么，才是顺利工作的开始。

■业绩·成长目标计划书

优点（尽量具体）

●

按重要顺序具体地
写出7~8个优点

成长课题（能力、作风、态度）（尽量具体）

●

按重要顺序具体地
写出5~6个成长课题

年　月　日　　姓名：

本季的业绩·成长目标

●业绩目标

—

—

> 如实写下团队共同决定的业绩目标

●成长目标

—

—

> 对应左下的成长课题——说明

怎样完成目标

●本人的计划

—

—

> 详细说明本人对成长课题的想法

●上司的指导、建议

—

—

> 详细记录上司的想法

利用好《业绩·成长目标计划书》

讨论工作目标，只凭口头商议是靠不住的。随着时间的流逝，口头商议的内容会逐渐变得模糊，再过一段时间，上司和部下都可能会记错商议的内容。即使记忆力再强，也有可能会遗忘，会记错。再没有比记忆更靠不住的东西了。

所以，在订好计划、达成共识以后，一定要明确地记录下来。如果记录太过繁琐会比较费功夫，所以我推荐把计划书写得尽量简洁一些，能够一目了然。

针对业绩目标，每个公司通常有不同的系统要求，在经营计划中也需要明确的数据以便分析。因此，很多上司都会聚焦每个部下的成长历程，把商定好的计划通过书面形式保留下来，制作成《成长目标计划书》。

在《成长目标计划书》的左上格填写7~8个优点；左下格填写5~6个成长课题；右上格则填写业绩目标和成长目标，成长目标对应左下格的成长课题；右下格则分"本人"和"上司"两个视角，记述为了达成成长目标要采取怎样的行动。

《成长目标计划书》由上司来填写，也许一开始会花费一些时间，习惯以后只用30分钟就能搞定。如果是新上任的上司，可能对团队的情况没有充分掌握，可以通过跟前任上司交流来获得情报，构想出理想图之后再与部下面谈。当部下理解了《成长目标计划书》的主旨，会非常期待这样的面谈——上司如此关心自己的成长，这样难得的机会怎能不好好珍惜。

　　很多上司在成长课题上会抱有疑问，认为"自己都还没有成长好，根本没有自信去指导别人的成长课题啊"。这种心情可以理解，但如果连这点魄力都没有的话，以后还怎么做好上司呢。不管哪里都没有完美的上司，当你认识到自己身上也有很多需要成长的部分，反而更容易帮助部下解决成长问题。

　　也有上司会觉得"如果我跟部下提出成长课题，却被部下厌恶了，岂不是会影响以后的工作氛围？"就这样，一边抱怨部下的工作能力不强，一边却在逃避帮助部下成长的问题。

　　我曾在很多公司的培训中导入使用《业绩·成长目标计划书》，也参与了许多面谈，可以说上司在这方面的顾虑是完全多余的。在我参与过的面谈中，只要认可了部下的优点，并真诚地向他提出具有说服力的成长课题，对方会愉快地接受你的意见。

更重要的是，部下们第一次被如此认真地对待，知道上司认可自己的优点，还为此提出建议，感谢都来不及呢。

导入《业绩·成长目标计划书》以后，应该注意两点。第一，具体事例可以使成长课题更加浅显易懂，也会让部下本人更容易接受。

第二，不要对部下的成长课题怀有顾虑，真诚地提出建议会得到很好的反馈。一味想太多而闪烁其词，是无法将自己的真实想法传达给对方的。部下甚至会胡乱猜测，怀疑自己一定是做错了什么事。因此，在面谈中切忌态度不明朗，顾左右而言他。

■如何描述"优点"（例）

▲关于责任感

· 能够切实落实本项目的工作目标

· 作为项目负责人，能够争取用最低的成本谋求最大的利润

· 即使发生状况也能完成之前定好的工作任务

▲关于项目管理能力

· 管理能力较强，经手的每个项目几乎都能够顺利推进

· 跟进项目之前就能预测到可能会遇到的瓶颈，并提前做好准备

· 谋求整个工作项目的最佳方案，合理分配资源

▲关于团队管理能力

· 带领团队的能力较强，可以安心托付整个队伍

· 能够激发团队成员的积极性

· 发挥每个成员的优势，并做出成绩

▲关于企划、制作文书

· 拥有较高的企划能力，视角独特、立意新颖

· 在短时间内能够写出具有说服力的企划书

· 能够独立完成工程量巨大的企划

▲关于沟通能力

·理解对方的想法

·擅长跟同事谈心

·能够在冲突发生前冷静地稳定整个场面

√ **描述优点的时候，要尽量更具体、更形象一些**

■如何描述"成长课题"（例）

▲关于工作质量和稳定性

· 工作质量经常有波动，效率不能保证

· 有干劲的时候就能做好工作，反之则做不好，反差很大

· 对同一项工作容易厌倦，有些敷衍了事

▲关于时间管理

· 经常迟到

· 快到截止日期才会抓紧工作，托付工作会有风险

· 只做一项工作还好，工作一多就无法取得整体平衡

▲关于团队管理

· 管理2~3人的团队还行，管理5~6人的团队就心有余而力不足了

· 无法鼓动团队成员的积极性，向心力不强

· 无法带领团队团结一致完成任务，更喜欢单枪匹马行动

▲关于企划、制作文书

· 不擅长做企划。虽然收集了很多情报，但无法独立做出分析

· 文书缺乏说服力，必须经过上司的修改和补充才能使用

· 有判断能力，缺乏分析能力

▲关于沟通能力

·只会插科打诨，完全不会沟通

·不擅长与对方谈心，跟同事只停留在表面的人际关系上

·无法控制情绪，经常对同事发火

∨ 像对待自己的事情一样分析部下的成长课题

■如何描述"成长目标"（例）

▲关于工作质量和稳定性

· 尽全力减少工作质量的波动，加强自我控制

· 可以明显看出心态趋向平和

· 认真对待重复性工作，不再敷衍

▲关于时间管理

· 不再迟到

· 合理安排时间，在截止日期前就完成工作

· 可以同时进行多项工作，并取得其中的平衡

▲关于团队管理

· 全面掌控5~6人的团队

· 充分调动团队成员的积极性

· 团结所有成员，顺利完成集体工作

▲关于企划、制作文书

· 克服不擅长写企划书的自卑心理，挖掘看待事物的新视角

· 可以独立制作具有说服力的文书

· 锻炼分析能力

▲关于沟通能力

・不再插科打诨

・争取跟同事进行更深入、更真心的交流

・控制好自己的情绪

√ 对应成长课题，一项一项地记录

在填写"怎样完成目标"时应该留意的几点

关于"怎样完成目标",在后面将会有详细介绍。在这一格中,要具体填写部下本人和上司对于某件事是如何设定成长目标,继而完成目标的。

具体来讲,对于部下就是与上司共同确认能否完成"制作〇〇〇清单""每次开会要争取3次发言""提出5份〇〇〇业务的改善方案"等;对于上司来讲就是"对于部下在席间的发言做出反馈""在与其他部门交涉前后,提出相关建议"等事务。

■本人的计划（例）

- 为了提高工作质量，做每一项工作时都制作清单，以保证稳定进行

- 为了提高工作动力，整理出所经手的工作的重要性，并写下来

- 在固定事务上，思考更适合自己的完成方法

√ 按照成长课题、成长目标的内容，写下具体的努力方向

■上司的指导、建议（例）

- 及时对工作清单的内容进行反馈、建议

- 对工作内容的重要性进行反馈

- 让部下经历一些固定事务以外的工作

- 说一些自己的工作经验，拓宽部下的视野

- 鼓励部下在会议中做两次以上发言

- 与部下共同参加与其他部门的交涉，促进工作顺利进行

√ 具体地填写上司的指导、建议

为了让《业绩·成长目标计划书》发挥最大的效果，上司需要在达成共识以后，每隔三个月找部下确认一次工作进展，即使是短时间的面谈也好，这样就能及时、准确地得知对方的完成情况。

另外，我是按照这样的步骤导入《业绩·成长目标计划书》的。

■导入《业绩·成长目标计划书》的步骤

1. 上司要建立所有部下的《业绩·成长目标计划书》

2. 由我来确认所有计划的内容，反馈并修改部下可能难以接受的部分

3. 上下级面谈的时间初步设定为30分钟

4. 第一次上下级面谈我会列席会议，并说明如何进行

5. 由上司来填写最初的方案

6. 部下提出自己的方案

7. 双方达成共识

8. 由上司说明部下的优点、成长课题、业绩与成长目标和完成途径

9. 听取部下的意见，双方就此进行讨论

√ 在上司自己拿不定主意的情况下，可以去找第三人共同商讨，确认部下是否能够接受

如果事先就把目标设定为容易接受的难度，就会让部下更容易接受。有些部下甚至会因为上司承认了自己很多优点而兴奋，从而产生更大的工作动力。

正如前面内容所说，成长课题应该得到部下的赞同，让部下感受到上司的关注和关心。

很少有人不会接纳赞美之后的建议。但是，也会有很少一部分人觉得不能接受，需要花一点时间慢慢解释。在我的经验中，思维比较刻板、自尊心略强或以自我为中心的人比较容易发生这种状况。但只要多花些时间认真说明，也会让这些部下接受建议。

《业绩·成长目标计划书》简洁明了、效果显著，推荐给每一位认真培养部下的上司。虽然导入之初有些耗费时间，但只要开始运行就会非常顺利。只有一点，如果《业绩·成长目标计划书》的文笔没有说服力可能会导致负面的效果，所以要仔细斟酌其中的措辞。

较高的工作目标能让部下成长

人只有在面对较高的目标时才会努力成长。但遗憾的是，现在越来越多的人开始对社会、对公司不抱期待，对工作没有追求，对高目标的任务没有冲劲。

其实这些人并非没有冲劲，而是因为"刚要开始努力就被嘲笑了"，或者"努力了也没有结果"，就这样丧失了冲劲。的确，浑浑噩噩地工作不会有失败，还会更轻松。

因此，把部下从得过且过的心境中拉出来，鼓励他们挑战较高的工作目标，挖掘出他们的工作潜力，才能显示一位上司高超的领导能力。

对于认为自己能力不行，或者已经满足的部下，上司要注意以下几点：

· 要比部下本人考虑更多

· 让对方经历几个成功的小体验

· 让部下抱有自信，觉得自己也能做到

· 引领部下向更高的工作目标努力

通过这些事来培养部下的成长欲望。

能够与部下商讨出怎样的工作目标都取决于上司的领导能力

上司的领导能力决定了能与部下商讨出的目标高低。部下通过积累小小的成功体验，提升了自己的自信心，也得到了"在这位上司的手下工作，我可以做到更多"的信心。

如果部下本来就给自己设立了较高的工作目标，而且渴求在工作中提高自己的能力，那么上司就不需要费多少功夫了。但是，这种部下是很少存在的。作为团队的领导，就是要掌控好点燃团队激情的那把火。

〔*2*〕
给出具体的指示

具体的指示是指"解决课题的方案"

给部下下达指示的时候，有必要尽可能下达具体的指示。想要用暧昧的指示来让对方理解自己的需求，希望对方体谅自己只是上司无意义的愿望，我认为这是上司的霸道和任性。

很多时候，上司即使想要给出更加具体的指示，也只是口头上传达自己想要什么。不对如何实现目标进行说明的上司也有很多。

比起部下拥有更多情报量，更加丰富的经验，更能够把握全局观的上司，若是能够进一步对实现方法进行指示，那么工作将会相当快地进展下去。

"连课题解决方案都给他们提出来，不是太惯着部下了吗？"这样想着，故意不给部下答案的上司也是有的。然而，我怀疑，比起为部下着想，这其中有一半是因为自己的坏心眼，还有一半是因为上司自己也没有掌握课题解决的方案吧。

即使没有什么理由对部下使坏心眼，大概是因为自己以前也受过相同的待遇，或者是内心嫉妒部下的好头脑，所以不自觉就这样做了。

"最近的家伙都太幸运了""他们有点松懈啊"……就是从这些没有根据的嫉妒而生出的想法。

虽然我觉得作为上司没有掌握课题解决方案是一件非常让人羞愧的事情，然而这种上司却决然不在少数。即使在自己没有掌握课题解决方针的信息的情况下，也给部下下达指示，觉得"我这是让部下思考""这对部下来说是非常好的锻炼机会"，还以此为傲的上司也大有人在。

上司明明没有掌握课题解决方案却下达指示存在的问题

这种做法的问题是，第一，上司放弃了思考。自己没有思考，所以完全没有深入的见解，养成了立刻对部下大言不惭的习惯。必然的，并不会让部下产生信赖感以及对上司的尊敬，反而会被部下认为是狡猾的上司。

第二，会让部下在非常少的信息量中费尽千辛万苦，一边烦恼一边摸索解决对策。只要调查就能知道的信息，赶紧自己调查就好了。而且，上司掌握的情报中有很多启发点，而这些情报没与部下共享的时候，部下只能交织着种种臆测来推进课题。这种做法不仅增加了部下无意义的压力，而且会让部下难以拥有全局观，细节部分也容易出现错误。

第三，部下会一边思索上司的意图，一边设想上司的反应"我如果这样说，上司会这样说我""如果那样说的话，一定会马上被否决"，担心如上种种揶揄而浪费了时间。

举一个商品企划的例子。"为了让该服务事业持续成长，必须重新追加什么样的功能呢？"当下达这一论题的指示时，关于"持续成长具体是以什么为目标呢？""哪个领域需要考虑而哪个领域不是目标对象呢？""开发工时，时间是如何设定的呢？"……如果不展示作为上司的方案，接受指示的部下会很困扰。即使能够完成商品企划的部下，也会因课题过于开放而进行庞大的调查，撒网过大，没有进行凝练，而花费大量的时间。

可能是上司的错觉，其实即使给出课题的解决方案，也绝不会是惯着部下。根据上司的方案，只要更快、更好地做出结果就好了。工作的结果各种各样。部下在工作过程中获得自信，提高技能，能够做出超出上司提出的方案的案例也是有的。

说到底，忙碌的上司不可能对细节部分给出指示。因此，虽说是具体的课题解决方案，也并不会下达过度抠细节的指示。

至少，大的方案需要上司来设定，在这个方案的指导下，部下能够进行具体推进的话，无须微观控制（从1到10，分条做出指示，作为标准使用），也不用放置，只需在上司的指示下，部下就能顺畅地进行工作。没什么理由可以说："上司不用提出课题解决方案也可以。"

到底如何？具体要看部下的技能与经验

"具体的指示"中"具体"的程度到底该怎样，主要根据部下的技能与经验来决定。

比如说关于企划，当下达"想要做关于在都市中居住的、有工作的、20～40岁的女性每天都能持续使用的智能手机应用程序的企划"这一指示后，有些部下能够立刻进行工作，而对于不能立即执行的情况，如：

· 更加缩小调查目标年龄区段会怎样

· 调查目标区段的特征性剖面是怎样的

· 她们如何使用智能手机

· 在1天24小时中，该智能手机应用程序能够覆盖的新区段是哪部分

· 可以考虑怎样的价值假说呢

· 画面移动、用户体验等需怎样设定

· 为了提高用户的利用率，需要做出哪些努力

· 应用程序发行前，以及发行后的宣传活动如何通过低预算来实现

· 通过用户来邀请新用户的结构应该如何制作

如上，将研究课题进行分解，并对必要的部分做出进一步指导是有必要的。

下达指示进行顾客访问的时候

即使像顾客面谈这类事情，当上司只下达"做一下这样的客户访问"这种指示时，有的部下就能够得到十分必要的信息，并且以方便使用的形式整理好提交出来，而有的部下不进行更加细致的指示就什么也做不成。当你的部下是后者的时候，

·顾客访问的对象如何选择

·顾客访问设定哪几家公司

·顾客访问如何设定

·通过顾客访问要确定什么

·顾客访问要怎样进行

·顾客访问的结果该如何总结

·顾客访问之后，应该如何表达谢意

如上，需要进行详细的说明，如果不手把手地教，那么部下就有可能会做一份没有意义的顾客访问，或者对顾客做出失礼的事情。上司有必要对部下到目前为止的经验、技能、性格等做出充分的考虑，可以安排什么样的工作，下达的指示应该具体到什么程度，这些都需要细细推敲。

"没有必要那么详细吧""还有成堆的工作呢"，这样想的上司也有很多。我认为这是"借口"，是"理解不足或者说是错觉"。我之所以说是"借口"是因为，上司作为组织的领导，需要将能够完成工作的部下与不能完成工作的部下结合到一起，并以此为前提做出成果才是其任务。

说是"理解不足或者说是错觉"是因为，这些上司并没有认识到，在做出成果的基础上，培养部下并且强化组织也是上司的工作。

当然，作为公司的业绩评价制度，有必要准确地把握上司们用了什么样的部下，做出了什么样的成果，将部下培养到什么程度，从而进行正当的评价。而正因为这点没有妥当地实行，变成了只问收益的结果问责的形式，所以上司变得只关心如何获得有用的部下。

不能"马后炮"

"你应该这样做的""我就知道""明明结果很明显，你为什么还要这样做呢"，上司在事后进行如上诘问是不可取的。可能是想要通过"马后炮"的方式来逃避自己的责任，然而这完全是误解。这是逃避责任的时候吗，实在是不像样。

没有能够在被上司转嫁责任，并且是以什么都预料到的口吻说出来后还能平心静气的部下。而无论之前做得多么像一个尽职的上司，只此一次一切就都白费了。而且，只要有一次对某个部下"马后炮"，那么就做好被愤慨的部下传到大家耳中的准备吧。这样做就是会产生如此恶劣的影响。

不要用愤怒掩盖自己拙劣的指示

很多上司在自己没有做出恰当的指示，而部下没有顺利推进工作的时候，对部下进行斥责。部下需要的情报上司掌握在手里，却束之高阁不告知部下，甚至怒骂部下"你为什么连这样的事情都不知道"。在上司的立场上马上就可以掌握的情报，从部下的立场来看可能会相当困难，说起来明明连这种情报的存在都不知道，却斥责部下发现不了。

如果只是没有下达足够的指示还好，很多情况下，下达错误指示，诱导部下朝错误方向进展，而结果不顺利的时候却责备是部下的错的上司也不在少数。

有些上司在不能顺利取得结果的时候，就训斥部下，还能毫不在乎地说"都是因为你才失败的""扣你工资"这样的话。

在知道部下不能反驳自己的情况下责骂部下是卑劣的事情，明明自己受到如此对待一定会非常愤慨，而一旦自己成为了上司就忘却以前的事情，朝部下发泄怒火。

〔*3*〕
运用输出图像制作方法来做出成果

最初给出整体图像

"输出图像制作方法"是指,在指导部下制作文件、资料的时候,在最初给出完成时的输出图像时,包括页数等数据都详细地写下来,给出明确指示,其后按照详细的规则来推进的方法。这种方法在麦肯锡同时推进多个项目的时候,由我编出并为其命名。

为需要所迫而开发的"输出图像制作方法"

我想要稍微介绍一下"输出图像制作方法"产生的经过。用30分钟做成输出图像,频繁地确认进展情况,部下不能完成的部分由上司补充完整，等等，是通常难以想到的方法。

这是在麦肯锡时代，进行大规模经营改革时，我自己一个人负责七八个项目，于是被迫出现了分别领导各个客户端小组团队成员的局面。

和通常的麦肯锡项目完全不同，这是涉及面很广的状况，当然并不是全部工作都自己做，很多不得不拜托给客户端小组组长。而拜托给他人之后，很多时候得出的研究结果、报告文件与自己所想要的完全不同，修改起来非常辛苦。在找出方向性的设定与自己的负荷以及该部下成长的交点后，我创造出了输出图像制作方法。

常见的错误是——"把那个做一下""好的，知道了，是那个吧"，因为开始时只通过这样简单的磨合，而两人最终所想的图像完全不同，因此在快到截止日期的时候上司看了文件后非常生气，采纳之后想要调整到与自己所想图像一致时却没有时间了——这样粗糙的做法。

■输出图像制作方法（以企划书制作为例）

1. 上司自己用大约30分钟的时间简略地写一下封面、目录、各页面内容（主体信息以及具体需要什么内容）

2. 分配页面，尽可能建立完成形态的图像（每章的构成、页数、每页的信息，等等）

3. 将复印件发给部下，从头至尾进行说明，与部下磨合

4. 回答部下的所有问题，并相应进行修正

5. 部下以此为准则推进工作，频繁地从上司这里获得输入信号

6. 部下与上司开会的频率，假设到截止日期有两周时间，大概需要7~10次会议

7. 方向性明确，并且与上司充分磨合，不会不知所措，从而迅速推进企划书的制作

√ 上司对页面分配及信息做出具体指示是关键所在

更过分的还有，上司口头传达自己的想法，而部下在当时也觉得自己知道了，一旦开始工作却又不是很明白，朝着与上司所要的图像的不同方向推进。上司在中途对内容进行确认，发现方向偏离了，又口头下达指示，然后就放手不管了。结果最后在截止时间前得出的文件果然还有不满之处，但因时间关系只能慌慌张张敷衍了事。

输出图像制作方法是，假设需要做25页的企划书，那么上司自己用大约30分钟的时间简略地写一下封面、目录、各页面内容（主题信息以及下面写什么），分配页面，尽可能建立完成形态的图像（每章的构成、页数、每页的信息等）。中间稀疏空洞也没有关系。但是，章节构成、页数、页数分配、每页的信息等需要明确。

将复印件发给部下并进行说明，与部下磨合；回答部下的所有问题，并根据需要进行相应的修正。部下以此为准则推进工作，频繁地从上司这里获得输入信号，短时间即可完成工作。

因为最开始写有上司意图的纸张（输出图像）传达了明确的要求，页数等信息也基本定下了，所以部下不再有多余的担心，也不需要再推测是否猜中了上司的心思，上司也轻松了，部下也没有了过大的压力，所以能够比较圆满地完成资料的制作。

30分钟制作输出图像

为什么是30分钟呢？我在最初使用该方法的时候，所用的时间要稍多一些。然而奔走在5个以上的项目中，若想做好几个输出图像，准备起来到底是来不及。

急上加急，缩缩减减之后才定为30分钟。只要有30分钟，基本上无论什么事情都能想出办法，进行确认。而另一方面，无论怎么着急，都要对资料的题目、目录、每一页的信息与表现方法进行思考，再次思考目录，看情况对题目进行稍许修改，并以此为基础再次修改目录，对每页的信息与表现方法进行稍许修改，有时候甚至能写上几页，以上这些绝对不可能在10到15分钟内完成。

各页的信息是根据资料的目的以及整体信息来细分的。如果个别页面中的信息有闪光点，这将反映给整体信息，因此会影响到其他页面的信息而进行微调，这样不断重复。

而各个页面的表现方法，是用饼形图还是用柱状图，顾客采访的信息是不是要列4条，等等，用30分钟还做不到如此细致的程度。

最初虽然会有些困难，但是努力做四五次之后，你就会发现，这样的输出图像的制作30分钟左右总能完成。如果认为非常困难而犹豫不决，那当然总也完成不了。我辅导过的上司们都在很短的时间内掌握了该方法。还请一定尝试一下，工作的处理方法，与部下的接触方式都会从根本上发生改变。如果尝试时有什么疑问，还请给我发邮件，我会给予回答。

当然，输出图像制作方法是一件非常费脑的事情，因此速战速决是有必要的。正如拙作《零秒思考》中所详细描述的，需要进行头脑的整理与深度挖掘。因为需要考虑所有的课题，综合知识与智慧，将与目的相符合的文件、资料的最终形态以图像的形式传达给部下，所以不仅仅是帮助了部下，事实上，通过输出图像的完成，上司本身也会有长足进步。我认为，每次做完之后都会感到自己的能力有了显著的提高。

中途频繁确认进展状况

输出图像制作方法从着手开始直到结束，需要频繁地确认进度。假设时间为2周，那么需要进行7~10次的进度确认。最少一天一次，根据情况在上午、下午确认进度，没有完成的地方和有困难的地方，直接给部下建议，帮助他们解决。

"不彻底交给部下他们就不会成长"，虽然很多上司会这样想，但部下掌握的情报还不到上司的几分之一。部下没有经验，而上司又没有给予其合适的情报，因此很难做出判断。这就是前面提到的问题——成长。

在制作文件、资料的时候，担心自己如果频繁地询问上司，会被认为是没有完成工作能力的人，所以尽可能地用自己的力量推进工作是普遍现象。在情报不足的情况下，靠勉强推测来推进研究，不仅得不到好的结果，生产效率也很低。在这种没有意义的压力下，我不认为人会有所成长。

更智慧地进行挑战，更有洞察力地去触摸，在努力之后总算获得成功的体验……所谓的成长是从这种实际经历中得到的吧。毅力论至少在现在这个社会并不怎么通用。

■输出图像制作方法频繁检查的要点

· 头脑中存在但若不写下来就等同于没有。部下在考虑什么，想要表现什么，问清楚并表现出来

· 问出部下想要表达的要点后只是口头上表达合意是不足够的。上司需在当场，在合适的页面，用合适的表现方法进行记录

· 若修改一部分，有时候其他部分或者目录也会需要修正，因此通常需要边看整体边修改

· 这一切若都交给部下，那将要花费多于上司修改几倍的时间，并且质量会下降

· 部下烦恼的时间对于输出的质与量的提高绝对没有什么用处，而通过频繁的检查和上司的补充则能更快地推进工作

√ 部下做不到的地方，在频繁检查之际，上司进行补充

因此，输出图像制作方法中，需要在上司的指示下多次确认进度，并对不足之处进行补充。并不是部下勉强地一直问繁忙的上司问题，而是作为输出图像制作方法的协议事项，在中途频繁地进行确认，因此部下压力不会过大，讨论也可以进展下去。

部下完不成的地方上司进行补充

输出图像制作方法的显著特征是，在频繁的检查过程中，部下完不成的地方，无论如何也无法很好地总结的地方，部下的视点所欠缺的地方，上司代其做出补充。而这也不是通过口头传达出的，漏掉的页面应该如何来书写框架，应该如何分析，应该写什么信息，都应在部下面前写完。

我认为在最初就能够顺畅做到这点的上司非常少。上司若能力低，速度慢，缺乏决断力，那么工作会变得非常混乱。但是，若真正想要继续做下去，那么抓住要点坚持几次之后就能做到了。

部下将自己尽心尽力奋斗的结果交给上司看，没有完成的部分上司在自己面前给予补充，会很令人感动。

而且，部下因为经过了极限的努力，所以看过上司的方法后，能够高效地吸收。上司与部下都有所成长，能够在双方合意的时间之内做出超过预期的结果，是非常有生产效率的方法。

我认为采用这种方法工作的上司是不错的上司。我当初也是陷入非常特别的状况后，才编写了该输出图像制作方法。培养成长路上的负责人，不给他们过度压力，并且无论是输出图像的质量还是速度都是完全不妥协的新方法。

上司做不到的事情不要要求部下

经常会有上司给部下出过分的难题，想要试试部下的毅力和能力。我并不建议这种方法，如果一定要做，那么请选择"自己能够做好"的事情。

最好不要做的是，要求部下去做自己也做不到的事情。"我做不到你帮我做"这样说说也就罢了，但是隐瞒着自己完全做不到这件事，对部下严格要求，说什么"这种程度当然能够完成"的上司更加过分。

上司的一举手一投足部下都在看着。即使不说出口，即使做出没看见的样子，其实都看在眼里。上司自己都做不到的事情偏要装作好像能做好，然后要求某位部下，若部下不能做好，上司便使用特权进行处罚或责备，这些事情部下们都看在眼里。

我认为这种做法实在是难看而卑劣。而更重要的是，只一次就会失去所有部下的信任。刚到新岗位任职后，对老资格的部下们说："我实在是无法完成，但如果是你们，一定可以做到。希望你们一定要试一下。"我想这样做的上司也有吧，但即使这样，没有让部下们看到上司应有的见识、管理能力以及广阔的视野，很难激发出他们的干劲。

即使不是新上任，在为部门的新课题努力的时候，上司可能也是第一次面对这样的问题。即使这样，在这种场合，对部下来说更难以习惯，因为这是难度非常高的工作。因此，上司需要自己先认真考虑、咀嚼，或者采用输出图像制作方法，此时，切不可将自己也没有自信的事情用毅力论一说来要求部下。

截止时间前的最后20%时间是成熟期

输出图像制作方法中，80%的时间用以大体完成目标，而自此至截止时间为止的成熟期最好将文件与资料进行发酵。所谓发酵是指，在基本完成的情况下，用平静的心情、从容的心境重新思考，微修整。稍稍改变顺序、些微调整信息等。

在形式上进行微调，也不需要太多修整时间，通过这一步骤，整体的论点将会有飞跃性的改变，变得更易理解，也易产生许多新发现，"啊，还可以这样说""一旦改变视点，竟有如此大的机会"。因为大致上完成了，便没有到截止时间一定要完成啊、一定要成形等压力，那种从容的心情会令人非常愉悦，也就可以朝着更高目标努力了。

输出图像制作方法中，首先需要描绘整体图像。因为途中频繁确认进度，逐渐补充不足之处，即使不习惯的部下，也不会有所遗漏。因此，文件·资料的制作速度大幅提升，在截止时间快来临前，基本就接近完成，应该可以预留20%的时间作为图像成熟期。

■截止时间前剩余的20%时间是成熟期

· 输出图像制作方法中，80%的时间用于大体完成目标

· 自此至截止时间为止的成熟期最好将文件或资料进行发酵

· 所谓发酵是指，在基本完成的情况下，用平静的心情、从容的心境重新思考，微修整

· 稍稍改变页面顺序、重新研究信息

· 若重新研究信息，那么有时需要修改目录，而若修改目录，那么其他页面的顺序和信息就有必要进行修改

· 这样，在时间还有大约20%之时，进行工作的最后扫尾

√ 尽早完成，用从容的心情进行进一步改善

通过该过程部下会成长良多

输出图像制作方法最大的优点是，该过程会让部下成长良多。在最初就能清楚地看到工作的整体图像，能够避免做无用功，从而将精力集中到工作上，这样能让部下不感到过大压力地做出成果。避免了什么都不知道而去收集庞大的情报而浪费时间，或者不知道上司的意图，不经过确认而多走弯路等情况。

"啊，对啊，这样做就好了。"部下获得自信，工作就会变得轻松，从而获得成长。朝着这方面继续努力，会有更多独具匠心的想法。看见上司鬼斧神工般地在30分钟制作出输出图像，部下会尊敬上司，会更加努力，想要做到上司的程度，从而更积极地面对工作。作为上司，也不用再随时在意部下的动机、管理进度、拯救着火的企划，等等，可以将自己的时间更多地投入到提高输出图像上，因此生产效率会非常高。

并不是微观管理

输出图像制作方法绝对不是微观管理，而是上司要求的是什么最好尽可能地展现明确的构想，而部下则沿着该构想推进讨论的方法，并非连鸡毛蒜皮的小事都要下达指示。

在频繁地确认进度的时候，部下无论如何都完不成的部分、超出能力范围的部分都由上司在当场进行解决，勤恳地填平缝隙。部下能够完成的部分以最快的速度推进，完不成的部分上司给予帮助，而且能够按照自己的节奏稳步前进，因此实在是非常有效率的工作步骤。

若是部下能够顺利进行，那么上司除了确认，其他什么也不用做。若是达到部下的极限而无法顺利进行时，上司迅速地展示自己的经验和本领，这样的绝技会让部下钦佩、感动。这与什么都给部下指示，什么都不让他们思考的微观管理完全不同。

"反正上司会帮我，差不多做做就行了。"像这样的道德风险也无须担心。最初让部下了解了出色的整体图像，随后频繁地确认进度，从某种状况来说这基本上杜绝了消极怠工的情况。不光如此，事实上这也是非常快乐而充实的工作过程，因此能够充分激发大家的干劲。

事实上，生产效率突飞猛进

输出图像制作方法中，上司在工作开始之前，在30分钟以内制作出输出图像，对部下进行说明。随后，到截止时间为止，频繁地进行会议，确认进度，补充不足之处。这样做，花费了上司相当多的时间，这样想的人也有吧。

事实上正相反。采用该方法，无论上司还是部下的生产效率都显著提升。因为该方法，部下从最初就可以朝着正确的方向、以最快的速度展开工作，完全无须从零开始进行情报收集以及因犹豫不决而浪费时间。

因而，也不会有上司怒视着部下，大家都焦躁不安的时候。上司也不用纠结是该干涉呢还是放任不管呢，或者一边承受压力一边等待……

很多情况下，虽然上司拥有一些设想及情报，但因为没有成功传达给部下，部下还需要花费时间从零开始调查。部下的判断不够严格，因此会做相当多无用功。输出图像制作方法从根本上防止了这点，因为它能按照最初描绘的整体图像以最快的速度做出成果。

比如说，将5个项目用输出图像制作的方法来推进，上司可以一边判断整体情况一边依次解决5个项目中的困难之处，一边有力地分配时间一边整齐有序地推进所有项目。将手头空下来的部下紧急投放到尚处于高负荷阶段的项目也变得相对容易。

正是因为如上理由，按照输出图像制作方法，业务基本能按照预想进行，因此上司做灭火措施、因为执拗而道歉、或者说没有达成目标而延长项目时间的情况都会减少，工作效率很高。

文件或资料制作以外也能够有效应用

输出图像制作方法对于占据工作大半的所有文件或资料制作都非常有效果，对除此之外的事情，事实上，我认为用同样的思考方式来推进，其效果也值得期待。在上司的具体指示能够大幅度提升部下的生产效率的领域，都可以用到。

比如说，体系开发时，规格书、要件定义书等文件的制作，可以直接使用输出图像制作方法。随后实际的开发作业也可以依照输出图像制作方法（上司比以前更加明确地展示整体图像，频繁地确认并给予建议，让部下的开发顺畅进行）来推进工作。

并不仅限于此，部下因为情报少而迷茫的时候，以及难以确认上司图像等各种相关的问题时，都可以参考输出图像制作方式。

> 你也可以成为 世界精英标准的上司 | 为了不忘记自己 也曾是部下的时候

处于部下立场的时候，对于上司的想法以及工作中的不满都做好笔记，将会有很大作用。"这样啊，那时候是这种感觉啊。那时候，对于上司的些微言语曾经那样生气过啊"……哪怕只是想起这些，也非常有效果。刚刚拥有部下的人，一定要回忆起这些内容并写下来。

即使这样，过不了多长时间，上司就会忘记自己作为部下时的事情，而仅仅作为上司来接触部下。自己的同僚作为上司是怎样接触部下的，或者仔细观察部下们看起来是怎么想的，虽然是别人的事情，但是也能看到很多。

而且，虽然说升职拥有了自己的部下，但是自己自身，大多数情况下上面还有上司存在。对于自己的上司，仔细思考自己是怀着怎样的心情去接触的，将自己作为部下的心情放到自己部下的立场考虑，也非常有效果。

第三项实践

通过团队取得最大的工作成果

第四章

Chapter 4

〔1〕
评价并加速部下的成长

在《业绩·成长目标计划书》的基础上评价并加速部下的成长

评价部下，通常是作为公司人事制度的一环来进行的，很多时候可能并没有什么效果。一般来说，会存在如下诸多问题：

· 业绩是综合的结果，为各种情况所左右，并不一定与部下自身的成长相关联

· 关于成长课题，因为上司的顾虑，也有很多无法妥善传达

· 容易变成上司单方面的要求，谈话很难让部下产生认同感

· 需要记录的表单过多、过细，需要费很多力气

而作为这些的补充，若能每隔3个月确认上述《业绩·成长目标计划书》的内容，并对上司与部下之间的成长度以及活动进度进行检查，那么短时间就能进行充实的讨论。

迄今为止在诸多公司进行了实践，上司最初就能对部下传达心里话，而部下也能在最初整体地了解自己的能力状况，我认为这对双方来说都非常有意义。

技能评价的案例：技术官技能评价标准

除《业绩·成长目标计划书》之外，上司与部下共同评价部下的技能水平，若能双方都同意，那么无论是在业绩上还是在指导上都会有一定的效果。举个例子，让我为大家介绍一下面向风险投资技术官的技能评价标准，这个标准是参考麦肯锡的技能评价而开发得来。

纵轴上列有"技术力""组织领导能力""面对风险投资经营的姿态""新产品开发能力""项目领导能力"等共计11项。横轴上则是展示了各个领域的最高级别，首席技术官（CTO级别）、高级技术官、技术官，三大阶段的技能评价基础。

详见122-123页图。

分别对应11个项目，记录了3个阶段的技能评价基准，因此评价对象与哪个阶段的表现最为相近，上司可以进行判断。

· 若判断是与该阶段表现相当的水准，则为M

· 若判断是高于该阶段的表现而又达不到其左边阶段的程度，则为H

· 若判断是低于该阶段表现但没有低到其右边阶段的程度则为L

在其对应位置做上标记○。

评价结果作为彻底的原案向当事人展示，一边逐个地交换意见一边进行确认。为什么认为是H或者L，双方在事实的基础上互相解释说明，20～30分钟的会议足够达成一致（但大前提是部下对上司有信任基础）。

在对部下进行新的分配之初，首先详细询问本人的自我评价，与前一职位的评价等相结合进行综合判断，作为暂定技能评价。随后根据三个月的业务状况，再次进行技能评价，对应必要情况进行调整，这时进行的与部下的开放式谈话将会建立起更深的信赖关系。此后，半年进行一次审查。

■技术官技能评价基准（评价的例子）

		首席技术官			
将技术官分为三个阶段		H	M	L	
技术力	新产品开发能力	能够设定并实行具有世界竞争力的技术课题，开发对业界有巨大贡献的新产品。而且能向顾客有效传递其价值。			
	该领域重要的技术开发动向的把握	对世界范围内的相关领域技术开发的问题有一定理解、对该领域的前端技术有一定的预测和评估			
	从基本原理、要素到应用、使用环境，以整体形势的把握为基础的问题解决能力	能够以技术开发方案为基本原理，反过来考虑要素技术，以极其独特的着眼点使产品的等级有压倒性的竞争优势。			
	有价值的知识产权的创造能力	能够创造具有巨大冲击力的划时代的发明，并且能够对为了确保竞争优势的知识产权战略进行立案、实行。			
组织领导能力	项目领导能力	能够进行复杂或大规模的项目。拥有必要的高级管理能力、决断力以及领导能力。			
	人才确保能力	随时把握国际上的顶尖人才在哪里做什么，并且能够吸引聘用他们，组成最强的团队。			
	人才培养、合适目标的设定、团队建设能力	为顶尖人才设定高目标，使其拥有干劲、向着目标全力前进。互相切磋、竞争，能够创造出生成120%成果的超级团队。			
	外部资源（合作公司、顶尖外部人才）的活用能力	能够汇总外部的合作公司、顶尖人才，任务共有化，为自己公司的新产品开发所用。			
面对风险经营的姿态	在风险企业中的经营感觉、衡量、判断力	时常从经营者与开发责任人两方的立场来把握情况，能及时做出适当的判断。			
	对企业风险必要的积极思考、价值观、企业文化的酿成	设立极高的目标，下功夫创造一切方法，并有实现目标的能力。这种姿态、价值观推广到所有社员并共有化，驱使他们向着目标前进。			
	对于工作的专业意识、职业伦理	以彻底的专业意识与极高的职业伦理观成为全公司员工的模范。能让大家看到公平公正的姿态。			

高级技术官			技术官		
H	M	L	H	M	L
设定技术性的课题，对各种实际情况进行权衡，成体系地分析风险，设立有效的开发计划。能够相当自主地完成新产品主要部分的开发。			对于主管或者高级技术官设定的课题，一边接受指导一边进行一部分的新产品的开发。		
精通自己公司事业领域相邻的领域以及最终客户市场中存在的重要技术动向，能够活用世界网络并且能够进行一定程度的印证。			在文献基础上，精通事业领域的重要技术动向，并且能够通过个人网络对动向进行一定程度的印证。		
能够以技术开发方案为基本原理，反过来考虑要素技术，并且考虑到对最终顾客的冲击，来解决问题。			能够理解开发课题相关的基本原理、要素技术与最终客户的产品之间的联系。对于新理念的理解力高。		
总是能够意识到竞争优势性的源泉知识产权的创造，能够进行一些有冲击性的发明。充分理解知识产权战略，能够对其立案、实行做出一定贡献。			在执行开发的过程中，每年能够创新几个有可能成为有效的知识产权的想法。		
开发的目的、成功的乐趣、开发风险、最差情况的对应策略等都要全体共享，能够严格遵守开发周期地进行管理。			能够理解自己负责的开发领域对于整个开发项目的影响，并且在与其他部门交流的同时，提高整体的开发效率。		
能够预估严格遵守交期推进开发所必需的人才技能与数量，并进行招募。			对招募优秀技术人员有所贡献。		
对于团队成员，能够为其设定合适的目标，使其拥有干劲，领导并支援成员取得良好成果。			能够公平、客观地把握自己的技能，发挥优势，努力改善课题。作为团队成员，能够为团队建设做出贡献。		
在专业领域，能够活用外部优秀合作公司以及顶尖人才的网络。			自己担当的领域能够圆满顺利地进展。		
对公司来说重要的是什么，有从这一观点来考虑事情的判断力及平衡感。			对于成本、时间、效率有强烈意识，擅长寻找将这些最合适化的着眼点。在这点上，坚持不懈地努力。		
无论面对怎样的困难，都有明确的姿态，"这样就能完成""考虑别人没考虑的事情""致力于与提升竞争优势紧密相连的事情"，并以此种姿态成为他人的模范，是气氛制造者。			建立高目标，并有朝目标拼死挑战的姿态。想法是积极的、向上的。		
以彻底的专业意识与极高的职业伦理观成为所有员工的模范。能让大家看到公平公正的姿态。			拥有彻底的专业意识以及极高的职业伦理观。		

★导入技术官技能评价基准的优点

·技术官们各自对于自己的技能能够进行更加客观的评价

·上司与部下之间，对于部下的技能处于怎样的水平，能更容易地达成共识

·顶尖人才也能建立更高目标

·能够更加合理地、更有说服力地设定成长目标

·对于年薪或期权股票的决定也会更有认同感

·外部采用时，关于自己的技能能够更加容易地进行磨合

虽然更加复杂的评价基准还有很多，但是"技术官技能评价基准"无须花费什么功夫，而上司与部下之间的磨合更加容易，可以明确地确认成长度，我认为对于上司来说能起到很大作用。

★导入时的注意点

·技能评价基准本身需要配合公司的状况做一些变动

·评价基准的思考方式以及运用方法需要对部下全员进行细致说明，以消除部下的不安

·上司的评价结果作为草案对部下进行说明。在询问部下是怎样想的，为什么这样想的过程中进行磨合，能够得到比平常更加高质量的交流

·在最初的会议中，11个项目中会有两三处评价有所差别。而这些，经过一定的交流就会达成共识。2次之后，这样的分歧就会减少到一半以下

·绝对不要因为担心部下的心情而放宽评价标准。难得根据绝对基准做出了表现，上司只需按照所相信的进行评价。若是放宽标准，那么最后会导致前后不符。即使不做出一些放宽标准的评价，也不会出现什么大问题

·若是出现比技术官的L等级还要低的情况，则在栏外做上〇标记

·若是上司记录了多人的评价结果，在进行个别面谈前，将所有的评价结果并列放在桌子上，检查是否达到了相对平衡。通常在这个过程中，这几人中会有一个人的评价有两三处需要修改。虽然技能评价基准是彻底绝对的评价，但是通过相对的检查，可以进行确认

以上就是诸多注意点。导入该基准的时候，希望听到您的想法。

最重要的是"公平""公正"和"透明性"

在做技能评价时，最重要的就是"公平""公正"和"透明性"。

所谓的"公平"是指，不会因为部下的不同而产生有利、不利的情况，明确绝对的基准，绝不摇摆不定模糊界限。

所谓的"公正"是指，在绝对基准的基础上所做的评价，要正确地进行。若是不能保证这一点，评价本身就会变得不正确。

而所谓的"透明性"是指，上司与部下之间需要做到所有情报共享。在最初就将所有的过程解释明白，不让对方抱有多余的疑问是非常重要的。

不是根据部下的话，而是根据行动与结果进行评价

重要的是，关于技能，"这点我能做到""前面做过，没有问题"，不要只根据部下这样的话来进行判断。情况有所不同，而所谓的"做过"这一基准也根据各人而有巨大差异。

总之，一定要根据实际行动与结果进行判断。"请相信我，我完成过。"也有这样主张的部下，那时候做过、或者认为自己做过，这些与这次的新的情况下也能做到是不同的事情，因此需要一边尽可能不浇灭部下的劲头，一边进行实际确认。即使是对于其他事情都能客观说明的部下，在关于自己的技能这件事情上，也往往会发生偏离，这点需要注意。

技能评价基准需要以最初公开、共同理解为基础实施

无论是业绩评价基准还是技能评价基准，在评价基准中，前文所述的"马后炮"是绝对不可以的。必须在最初进行说明，并且在得到认同与共同理解之后方可实施。

即使想要尽快引入，也绝不可草率决定。对宗旨进行透彻说明，并且恳切耐心地解释实行方法，取得认同后再实施，这一步必不可少。

若不这样做，尽管是难得的积极向上的制度，也会让大家心生猜疑，甚至可能会拖团队后腿。

即使认为可能会有效果，也不要匆忙地在一个季度的中途就导入，等待几个月，在下一季度的最初开始实施，希望上司们能够有这样的耐心与细心。

〔2〕
提高部下的干劲

提高部下干劲的人是上司

提高部下的干劲是上司的工作，可以说是上司最重要的工作之一。

面对很多对自己没有自信，不能充分发挥干劲的部下，上司需要告诉他们前进的方向，并让他们感到可以实现，指导他们尽最大努力。

部下的状态并不会一直很好，总会有一些上下波动，因此上司需要千方百计促使他们尽可能朝着好的方向努力。

第131页介绍的全都是上司的工作。

做不到的上司经常会说"我很忙，没有时间去做提高部下干劲这种事情"，然而实际上并不是因为没有时间，只是不知道具体应该如何做而已。或者说，只是因为失言或者无情的行为给部下泼了冷水，为了挽救反而花费很多时间。

我认为能否提高部下的干劲取决于上司的意识。若是能正确理解，那这绝不是一件困难的事情，也不用花费很多时间。

干劲=对上司的信赖感×成长欲望

部下的干劲，是以对上司的信赖感为大前提，乘以本人的成长欲望的结果。若是对上司的信赖感非常薄弱，那么理所当然，一定不会有拼死努力这种心情。对上司的信赖感是从如下几点中产生的：

· 想要跟随上司的步伐

· 能与上司的理想产生共鸣

· 因为上司具有人格魅力而尊敬上司

· 以上司的理想与方针为基础行动能够得到好的结果

· 上司在公司中被信赖、被重用

■这些全都是上司的工作

· 若是在这里努力并取得结果，无论对部门还是对部下个人都有好处，这点需明确告知部下

· 听取部下个人的烦恼，作为部下的商量对象，提高信赖感

· 让部下认真起来，为自己的成长去努力

· 平常部门目标的完成状况需要做到与部下共享，团结一致做出结果

· 部下拼尽全力也完不成的事情，上司需予以支援将其变为可能

· 将公司整体情况、业界动向等与部下共享，提高对每个人的期待感

√ 上司的本领是能否活用部下

上司要怎样来争取这种信赖感、能争取到何种程度？作为上司，是否意识到并且采取了能让部下信赖的行动？这些事情乍一看似乎很难，也有很多人拥有非常强烈的不擅长意识，但是实际上它没有什么特别之处。这是作为人类自然而然的事情，是否有意识地去努力会让人产生非常大的差距。

如果本人的成长欲望强烈，那么即使对上司的信赖感或者对公司的归属意识等稍微动摇，对公司的不满也只是不满，依然会最大限度地做出成果。但是，绝不可以对此容忍妥协，毕竟很遗憾，有着强烈成长欲望的部下越来越少了。我认为，上司完全可以通过采取一些措施来刺激部下的成长欲望。

事实上，无须使用很多时间，就可以充分刺激部下的成长欲望。原本，部下就是想着进一步成长，而站在自己的立场上展开谈话。而真正为此努力的上司并不多，因此哪怕只是一点点的努力，对部下来说就是很大的刺激了。

上司的职责是，一边最大限度地提升部下对自己的信赖感，一边刺激部下的成长欲望，做出到目前为止此生最大的努力。让部下感受到这是最好的充实自己的机会，这是最棒的职场。

■上司如何刺激部下的成长欲望

· 听取部下的梦想，尽可能进行声援

· 听取部下的烦恼，成为一个好的理解者

· 部下必须朝着哪个方向迈出一步，提出有益的建议

· 部下讲述自己烦恼的时候，做一个合格的商量对象

· 提出只有有经验的上司才有的建议，开阔部下视野

· "比我的上司好多了"，让部下能够听到同期其他人的羡慕声

√ **记住部下的情况，激发部下的干劲**

对于不擅长分配力度的部下的接触方式

有些部下不擅长分配力度。最初以满满的干劲开始，结果中途突然泄气。他们自己也总在反省，但是无论如何这种情况总是会出现。

对于这样的部下，在最初需要对其稍加控制，中途再开始踩油门，这样的指导是有必要的。如果最初过于热切，投入了过多热情，那么他们中途就会熄火。抑制此类情况，在输出图像制作方式中提前进行探讨，在部下中途泄气之前将其引上正轨。

这样做过几次之后，部下就会对自己投入能量的方式、一口气做出假说的方法有所调整，从而顺利推进工作。

我认为让他们和擅长分配力度的部下组成一对也是十分有效的手段。

■对于不擅长分配力度的部下的有效对策案例

· 最初需要对其稍加控制，中途再开始踩油门

· 输出图像制作方式中提前进行探讨，在部下中途泄气之前将其引上正轨

· 让他们和擅长分配力度的部下组成一对

· 建议他们更好地管理自己的身体状况

· 因为干劲十足而熬夜，后期会无法继续，因此需要建议部下即使有干劲也不能熬夜

∨ **在部下能分配自己的力度前，上司需建议其通行还是刹车**

■对于优秀但懒惰的部下的有效对策案例

· 彻底地赞扬，指导他们建立更高的目标

· 让他们在大家面前发表曾经成功的事例

· 创造在公司外表现的机会，刺激他们的自尊

· 他们内心并不是没有竞争对手，将其刺探出来

· 创造出状况，点燃部下参与良好竞争的竞争心

∨ 刺激部下的自尊心

对于明明优秀但怠惰的部下的接触方式

在部下中，有一些人明明有着很好的工作感觉，但是往往稍一努力做出成果之后就产生了懈怠心理。虽然认为他们可以再努力一点，但是很可惜，这些部下没有那么强烈的对取得成绩的"饥饿感"。他们基本上是悠闲地工作着，稍稍出一点成果就安心了。

对于他们，上司需要时常提醒其建立高目标，有必要鼓舞他们更加接近自己规划的目标。

对此的策略在前面内容中有所列举，饥饿精神的产生和培养与之前的境遇等都有很大的关联，因此虽然需要尽全力，但是最好不要过度期待。否则，很可能会打乱上司的步调。

〔**3**〕
带领新团队

尽早把握每个人的需要

因为人事变动等原因而要率领一个新团队的时候，首先需要与每个成员单独进行至少30分钟的面谈，把握成员们的烦恼、希望、负责业务、部署课题等。如果部下人数在四五个以下，那么尽可能将面谈时间定为1小时左右。而这点时间的投资，如果考虑到后期顺畅的谈话以及工作动力，是非常划算的。

即使是较短时间的面谈，也要认真地一字不漏地听部下的谈话。虽然有时候部下会因为紧张而无法很好地表达出来，但这时一定不能表现出烦躁，要以认真的姿态听对方讲话。而这种姿态是赢得部下信赖的第一步。

一定要注意，对于紧张的部下来说，即使只是看见上司瞥了一眼手表，也会成为他焦躁的源头。因为上司的存在本身对于部下来说就是一种压力，因此无论上司多么用心都不为过。

当部下紧张到说不出话的时候，上司可以对部下前面刚刚提到的要点温和地反问："也就是说，……，对吧？"这样做，部下就能继续说下去了。

"需要对部下做到这种程度吗？我可没有受到过这种待遇。"也有怀有这种疑问的上司。但是，时代不同、年龄不同、公司的规模也不同，努力生存下来成为了上司的自己，和还什么都不懂的部下，无论是对于自己的自信心还是判断力、业务执行能力都有很大的差距，这点请一定看清。

无论上司多么小心，部下也很难说出自己的全部真心话。

但是，和几个人面谈之后，矛盾点和疑问点就会显现出来，上司需要从这些点来弄清真正的问题。如果上司真正注意了，就会突然发现很多问题，因此只要用心，把握状况也并没有那么难。根据情况，可以进行一些追加面谈。

而且，在面谈时需要注意把握成员之间的关系。关于这方面，部下特别不容易说出心里话，因此上司必须从部下微妙的话把儿或者细微举止、对其他成员讲话随声附和的方式及反应等来获取信息。

最后讲一下注意点，人总会有对他人的喜恶感。明明只是刚刚认识一个人，不可否认会有喜欢或者讨厌的心情。而站在上司的立场上，被这种心情左右或者将这种态度表现出来是非常不应该的。特别是，容易给和自己是同种类型的部下、和自己有着相似的价值观、在风格上相似的部下较高评价，而给和自己风格大不相同的部下较低评价，这点需要注意。

展示团队的目标、达成方针、行动

以面谈结果为基础，作为上司，就可以整理出团队的目标、达成方针、行动，并召开整体会议进行说明。虽然与团队大小有关系，但是到任一周以内不行动，部下会一直等待，并且难以安定下来，因此最好尽快展开。但是，不能只是口头上说明，而应该是整理成几页纸质文件，并对其进行说明才能确切地传达给部下。这样的方案书，只要做过一次，即使是调动到新的项目组也能够在短时间内完成。

如果是刚到任一周以内，作为新任上司，可能会有理解不足或者误会之处，因此要明确传达给部下——"这是基于到目前为止的理解而做的方案"。刚刚到任，就表现出一副自己什么都知道的态度只是自掘坟墓。而且原本就没有必要表现出这种态度，也没有必要担心因此会失去上司的权威。

若是说担心，倒不如说假装什么都知道的时候才最该担心。假装知道没有任何好处，而且一旦有一次装作知道了，那么渐渐地就需要做到前后一致，如此不断表演下去。

事实上，只要是经验丰富的上司，即使是到没有经历过的部门就任后很快提出方案，基本上也不会出现大问题。毕竟已经在上司的立场上见识了非常多的事情，而且从自己的上司或者自己的前任的交代中也了解到了很多。实际上，习惯之后，基本上几天之内就能把握大部分问题，这样一来，好的方案也就自然浮现在眼前了。

但是，要想获得部下全员的信赖，需要给他们时间去习惯新的上司，因此时间上要从容一些。

指示并实行团队交流方针

在提出并共享了整体方针之后，就需要对团队交流方针进行指导（案例见145页表格）。

杜绝交流上的错误最重要的一点是，以"虽然有的人可能知道，但是慎重起见"的姿态与全员进行更多的交流。只要通过这种方式，团队中因为执行错误、情报共享不足而产生的错误将会大幅减少。但是，"连这种事情都共享的话会耽误大家的时间，很抱歉"，因为这种心情而不将情报共享的人很多，因此组织领导必须再三说明并非如此，并有意识地奖励，使其变成习惯。

　　为了让交流不那么生硬死板，很重要的一点是，对于所有的交流进行积极反馈。积极反馈可以使所有的交流以积极的色调进行，第五章中将有详细说明。

　　团队交流方针对于团队机能来说是必需的，是重要的。但是，对此毫不关心的人大概很多。因此，有必要对方针及其理由进行耐心的解释，并在形成习惯之前持续跟进。

　　明明不是很难的事情，有些部下却会没有什么恶意地对新的交流方针及形式表达反感。对此，上司表现出焦躁完全没有益处。只要想着他们只是单纯地没有受到教育，就不会失去平常心了。

　　即使这样，最初的时候，像是会议迟到、邮件交流不足、不遵守协议方针的成员总会有几个，这时候不要犹豫，要立即进行反馈。若是在这里宽容了，其他原本想要遵守方针的成员也会想着"什么啊，原来也不用认真啊"，那么无论何时方针也无法彻底贯彻。

展示工作方法的范例

对于新的团队，将工作的品质与速度的范例展示给他们，让他们用身体记住。146页刊载了范例规则的例子。

因为这并不是用嘴说说就能传达给部下的，因此在全员贯彻执行之前，要一直让成员们看到范例。

■团队交流方针中必须考虑的要点

· 全体会议要以怎样的频率、怎样的方式进行

· 邮件、Skype、电话等应该如何灵活运用

· 为了杜绝交流上的错误，应以怎样的方针、姿态进行交流

· 为了不使交流死板生硬，应以怎样的方针、姿态进行交流

· 紧急事态发生时，应怎样交流

……

√ **交流规则因人而异，不要认为没问题，需要明确指示**

■范例需要展示什么

- -

· 怎样不妥协地追求质量

· 以怎样的速度推进工作

· 成员没有按照预想做出成果时，怎样挽救

· 工作重叠时，怎样使两边都顺利进行

· 为了不使工作挤到一起，平时应怎样调整

· 最初应做怎样的情报收集工作

· 在收集到多少情报后开始总结

√ 从工作的最初到结束，展示范例

- -

"怎样不妥协地追求质量"，不同的人也有大不相同的认识，而上司与部下工作上的龃龉或者评价上的分歧也容易由此产生。所以上司通过几个案件，将自己所想的关于品质的追求，作为范本展示给部下，是非常明确有效的方法。

　　"以怎样的速度推进工作"也是一样的，不同的人的速度感也有很大差异。能够完成工作的一般速度都非常快。情报收集、情报分析、确定想法、实行等各个步骤分别以怎样的方法进行，为什么能够快速完成，与速度慢的人有什么差别，上司都需耐心说明，并有必要通过实践展示给部下。

　　从这点开始，部下就能理解快速完成工作的秘密与方法，并想要学习，也能够去模仿了。

　　很多上司或者觉得难为情；或者认为"这种事情就该自己下功夫，并不是上司能逐一教会的"；还有的上司认为"部下干劲不足""只是没有干劲"；或者是并没有意识到自己要做什么努力；还有的上司不怎么想把经验和诀窍教给部下。

　　这样的经验诀窍教给别人自己并不会有什么损失，反而会获得部下的感谢，若部下能够做出新的努力顺利推进工作，反过来上司也可以学到东西，因此，上司将诀窍教给部下得到的会更多。

■上司不要吝惜将自己的诀窍教给部下

· 在网上获得情报的方法

· 公司内情报的获得方法，业界关键人物的发现方法

· 向业界关键人物提问时，深入挖掘的方法

· 数据不足时的分析方法，迷茫时下决定的方法

· 该坚持到底的反对和不该坚持到底的反对的区分方法

· 营业访问时，如何走进对方内心

√ 上司至今所下的功夫以及身体记住的努力，经验诀窍非常多，
不要吝惜与部下共享。

而且，因为要教给比自己了解得少的人，想要传达必须下功夫，整理清楚后说明，因此自己的头脑也得以调整规划，经验诀窍能够形成体系化。

即使觉得全部教授完了，传达完了，想法还是会不可思议地连续不断地涌出。由于一次全部传达部下会消化不良，因此有必要对应部下的成长度按顺序教授。

而吝惜于拿出自己的诀窍并没有任何好处。与其这样，倒不如尽早传授给部下，这样部下全员能够按照上司的诀窍、努力来展开行动，很大程度地提升了部门整体的战斗力。

部下总是在观察着上司的工作方法、对工作的严格度、工作和私人时间的平衡方法、上司与部下的职责分担，等等。部下虽然装作没有在看的样子却随时注意着，并且观察力敏锐。这些是部下们私下聚会绝好的下酒菜。

因此，言行一致非常重要，言语同行动若稍有矛盾之处，部下会迅速地嗅到矛盾，这样的事情越多，越是破坏了部下对上司的信赖感。

即使用语言传达了方针，对于更细致之处，无论怎么严格地强调，也不如用行动来展示。展现出色的行动比任何语言都有说服力。如果能这样吸引着部下，又将自己的努力、诀窍传授给部下，那么自然而然很多效果就会渗透进去。

以最快速度做出小的成功事例，产生自信

对部下来说，最好的说服力是从——无论多么小——最快地让其看到成功的案例中产生的：

通过了公司内部的书面请示，获得了社长的同意，有效利用了与其他部门的合作，获得新项目，在新闻上得以刊载、曝光等，总之是能够让自己骄傲的某些成功事例。

比起嘴上说的，从看到成功事例开始，部下才真正建立起对上司的信任，才开始想"跟着这个人应该可以吧"。

虽然说干劲十足地工作会创造很多成功事例，但是根据行业、职业、部门的不同，有时候会花费较长时间。若是等着这样的成功事例，部下的信赖并不会如所想一般提高，部门的士气也无法提升，很难做出成果，容易产生恶性循环。因此，为实现小而快的目标而开始着手会更好一些。

目标小一点也没有关系，尽可能让大家都知道开始出成果了，集中精力去做容易出成果的项目。提高成功概率的一个方法是：多个着手的工作中，哪个能很快结出果实就从哪里开始良性循环。

〔4〕
带领团队做出最大成果，让成员体验成功

部下通过做出成果而成长

大多数部下对于自己的工作并没有什么自信，或多或少带着不安去完成工作。像这样的部下，会不可避免地在意上司是如何评价自己的。

因此，为了让他们尽早做出成果，上司需要提前做好准备、支援，让他们建立自信，"啊，这样就可以了啊""这样做就能顺利进行啊"，这关系到是否能做出更好的成果。

部下就是这样成长的。比起上司为部下考虑而做出这样那样的建议，一次的成功远远要有效果得多。嘴上这样那样建议，无论上司多么用心，都可能被部下认为，是在批评他们、斥责他们或者是给他们压力。因此，能够很好地制造机会，让部下认为是他们自己完成的，这才是上司的高明之处。

上司果断地激发部下的所有潜力，引导其成功

没有自信的部下容易设定低目标。"即使做了这个又有什么了不起的？""不是和之前没什么不同吗？"如果设定的目标得到这样的评价，那么即使成功了也没什么成就感，也不怎么能成为自己的成功体验。而对组织来说也没什么值得高兴的。

这里，上司应该果断地帮助部下建立高目标，使部下倾注全力，并为了让其坚持到底而给出建议。引导其走向成功是非常重要的，而这也可以说是作为上司的趣味所在。正因为是没有自信的部下，更要通过输出图像制作方法对其进行指导，并通过频繁的反馈使其做出成果，引导其成功。

而这种做法变得习以为常时，那么该团队的气氛会变得明快，而团队战斗力也会变高。

切实感到日益成长

从团队良好运转开始，部下也开始日益成长。企划得以顺畅完成，而潜在顾客的满意度也显著提升，同公司其他部门的交涉也能顺利进行。之前一直无法完成而断了思路的事情、畏缩不前的事情，以及稍微碰壁就放弃了的事情都出乎意料地能够完成了，部下们开始拥有自信。

部下们的眼睛闪耀光芒，开始逐渐挑战过去做不到的事情，即使苦战，最终也能完成。不再是"我觉得很难就放弃"，而是变成"虽然觉得很难，但是作为一定要超越的壁障，我要尝试"。

而受此刺激，其他成员也会努力做出新的挑战。"不能总是让成员充满斗志、不是谁都有挑战困难课题的热情；有所保留，没有自信；比起自信过剩马上举手的人，这样保守的人更有实力……"像这样稍显保守的团队氛围，也会从成功的体验中获得自信，而双眼神采奕奕的人开始出现，整个团队的情况大有改变，从而形成"他如果能做我也能做"这种积极氛围。

这样，部门的氛围发生改变，各处都获得成功体验，切实感到获得成长的成员日益增多，从而加速了良性循环。

部下的成长就是上司的成长

归根结底，部下如果成长，团队的业绩逐渐上升，上司的处境也会更好，自身也得以成长。毫无疑问，这是一场团体比赛，然而很多上司却常常轻视这点。

如果让这样的上司回答，他们可能会说"业务太多，没有时间去培养部下"，然而绝非如此。如果提出合理化的建议，部下会以非常快的速度成长，生产效率会在很短时间内提高，而团队内部也能相互勉励。最重要的是，成员获得自信，得以成长，如此可以逐渐形成良性循环。

若是部下能够很好地处理当前的工作，那么上司就可以用更多时间处理更高层的工作。可以提前考虑部门接下来的第二步、第三步，提前采取措施，也可以腾出更多时间用以加强员工录用力度。因为若做出成果，获得预算也更容易一些。

因此，部下越是成长，越是与部门的成果相关联，作为上司的工作规模也越容易获得提升，上司自身也得以成长。

你也可以成为 世界精英标准的上司 | 使用白板 发挥领导能力

虽然现在公司里基本都有白板，但是基本上看不到在会议上活用白板的情况。为了很好地引出团队的意见，上司需要站在白板前，听取成员们对于课题的意见，并迅速整理，在此基础上，一边讨论解决方案，一边写下来，会更容易发挥自己的领导能力。

大家的发言要尽可能耐心地写下来。若能将重要的点写下来，并向发言者确认，全员就能明确地理解并推进讨论。

上司稳稳当当地坐在椅子上做记录的情况很多，而笔记并不能让人充分理解问题的本质或者更利于讨论的条理，只是机械的记录，非常不推荐。

无论如何，作为发挥上司领导能力的工具，白板是我要推荐给上司的。

第四项实践

与部下进行有效的沟通

第五章

Chapter5

〔 *1* 〕
时常注意积极反馈

所有的发言都积极向上

积极反馈是指，在交流时传递积极的信息，换言之，对部下表达称赞、慰劳、感谢等。

一句话来说，就是所有的发言都要积极向上。这样的话，团队的氛围会变得非常明快。"部下不被训斥就会变得怠惰""会变得自以为是"等，虽然这样想的人也很多，但是，真的是这样吗？若是你自己不被训斥会变得懒惰吗？会变得自以为是吗？果然并非如此吧。

随着成为上司的时间增长，因为错觉判断与固执己见的堆积，是否觉得"不训斥不行"这种心情变得强烈呢？部下的干劲，并不会因为受到训斥而提高，而是通过向着高目标一步一步接近而增强的。切实感到自己的成功，干劲就会提高。

得出好的结果而表扬部下自不必说，即使只做出一点成果，或者完全没有出成果，为了让部下产生接下来继续努力的心情，感谢、慰劳部下，并给出与下次相关的建议——这是作为上司的价值所在，其实也是为了自己。

积极反馈的极大效果

无论是谁，被表扬后都会开心，会更有干劲。无论男人还是女人，孩子还是成人，日本人还是美国人都是一样。我认为这是作为人类这个物种的本质的一部分。如果说有被表扬后也不开心的人，那么他们可能是有着痛苦的心理创伤而不相信表扬，或者有着以恶意揣测动机的习惯吧。

除了一些特殊案例，积极反馈基本上对任何人都有效果。即使是自己一直不喜欢的人，只要持续与之进行积极反馈，一定会发生变化。不相信的人请当作实验来试试看，请一定持续下去，认真观察变化。

"被训斥会让我有干劲。""请不要表扬我，我会懈怠的。"虽然也会有这样说的人，但是我想他们恐怕是想要隐藏自己的难为情才这样说的吧。或者说，可能是想要让自己稍微体面一点。我认为，即使是这样的人，实际上表扬、慰劳他们也一定会使其生出干劲的。

积极反馈还有一个很大的作用，那就是进行积极反馈的上司自己心情也会变得明快。进行积极反馈后，双方关系变得更和谐而促进成长的结果，自己的心情当然也会变好，甚至犹如心中有一部分被洗涤净化一般。

上司自己唠唠叨叨的不满牢骚也减少了，与人交流的风格也完全变了。并不是不严格，但感觉无论做什么，工作都比以前更容易进展，成果会自然地在眼前展开。

■进行积极反馈的要点

·对于好的结果要大力表扬

·尽可能当场进行表扬

·表扬时，不要说"这样做会更好一些"之类的话，总而言之只是表扬

·即使是小事情，不起眼的事情，也不要犹豫，要立即进行表扬

·即使只有一点点的结果，也要对部下的努力表示感谢，慰劳部下

·即使结果不够满意，也要传递"这样做的话下次就可以顺利进展
了"的信心——鼓励部下，决不能表现出消极的意味

·想要传达改善之处时，要在第二天，换个场合再说

·劝告部下在工作上以及私人事情上进行积极反馈
自己尝试过之后就会知道真正的价值，心情和行为都会有所改变

√ 积极反馈，不怕害羞地进行就会习惯

对于好的结果要大力表扬是理所应当的，而即使是小事情，不起眼的事情，只要是好的都要毫不犹豫地进行表扬。

"这么点儿的事完全不值得表扬"，我也经常遇到如此主张的上司，但实际上，似乎是因为"事到如今太难为情""不知道该怎么表扬""虽然想表扬但是说不出口"。即使这样我也勤勉地确认了，对于努力了的上司，我持续给予他们积极反馈，逐渐地这些上司就能做到了。

上司即使是勉强做出了积极反馈，部下的反应也会令人惊讶得当场发生变化，上司也会觉得"虽然很难为情，但是试过后非常开心"。与其说知道了丈夫、妻子、男友、女友、上司在时刻关注自己，不如说找到了自己所作所为的价值。

虽然说上司表扬了部下，但是完全不用担心会有损上司的威严。没有威严的上司，绝不是因为做了积极反馈，而是因为没有展示出作为上司的前景，没有做出成果才导致威严逐渐消失。这是完全不同的问题。

"因为其他人可能会怀有偏见，因此基本不进行表扬"，似乎有的上司也有这样的担心。但是这完全没有意义，只要对全员做出积极反馈即可。

也有上司因为是不起眼的事情就不进行表扬，失去这样的机会非常可惜。对于好的事情，就应该当即给予积极反馈。

即使部下没有顺利进行也要进行慰问、表达感谢

即使工作没有顺利进行，上司也务必慰问部下，并表示感谢。没有部下是故意失败的，基本上都会对上司抱有歉意。对此，当事人已经知道了，那么再怒斥部下"混蛋！""怎么会这样！"只有百害而无一利。

基本上，对于部下的努力、辛苦进行慰问并不会有任何坏处，只需要有体谅的心情和话语就够了，并不需要花费金钱。吝惜这些的上司，我想大概是不会计算吧。说起来，按照上司的指示行动、努力、辛苦的部下，怎么能怒骂呢？怒骂反而会点燃部下对于上司的反叛心理以及恨意吧。并不是说要勉强地去表扬没有做出结果的部下，只是单纯慰问部下，对其努力表示感谢。因为部下是按照上司的指示、指导进行的努力，所以这是理所当然的事情吧。做不到这点，还是不要担任上司了。

部下失败了，要给出建议"下次这样做能顺利些"

无论部下多么努力，也会有失败的时候。而这时候，就该体现上司的人情味和广阔心胸了。

很多遗憾的事情堆积起来致使最终无法做出成果的时候，部下会意志消沉，会进行自我反省，对自己感到非常悔恨。而这时候，上司的训斥完全没有意义，倒不如提出建议："辛苦了，下次这样的话就能顺利进行了。"

哪里出现了问题，从上司的视角进行具体的说明，让部下充分理解。为了防止失败再次发生，对过程进行重新评估、事前检查事项等都达成一致则万无一失了。

"失败了"这件事情，并不是简单的指工作。失败，本来就不是部下的责任，难道这不是上司的责任吗？让部下做了失败的工作的是上司，中途没有做出合适的指导而导致失败，无疑是上司的责任。

"因为部下怠工而导致失败"，这样说的上司我想可能还不少，这从根本上来说就很奇怪。为什么部下会有怠工这种情况，因为什么而怠工？怠工的中途上司为什么没有进行检查？这些难道不该归结到上司管理失败吗？

"部下犯了严重的错误，看漏了关键之处"，也有上司想要这样说吧？

我认为这也很可笑。如果有如此重要的工作或者要点，那么，将这么重要的工作交给可能会失败的部下，放任不管，做不出结果才开始找原因或借口本身就是错误的。重要的点若是和经验丰富的上司一起进行思考，事前商谈，提前做好适当的准备，那么说不定就不会失败了。

会因为一个失误就失去的买卖，当时为什么要交给那个部下？为什么没有进行支援？为什么上司不致歉，挽回错误呢？如此说来，是否应该为了自己的错误对承担结果而面色惨白的部下进行安慰呢？部下在这种时候，绝对会在心里发誓今后再也不犯错。对于没有批评他们的失误的上司，部下大概会抱有几倍的感恩之心吧。

如果从这点考虑，即使部下失败了也不斥责，而是提出建议，下次做类似的事情就会更顺利地进行，这才是上司原本的工作吧。倒不如说，我甚至认为上司需要道歉："导致你的失败，真的非常对不起。"

上司的工作是最大限度地活用部下，实现组织的使命。让部下不失败的工作安排方法、管理方法；在即将失败的时候迅速发出警告的方法；即使本人不做出警告，周围也能发觉的组织运营方法；贯彻团队内部交流的方法——我认为上司需要充分了解上面几种方法。

完全不是纵容部下

"积极反馈会成为对部下的纵容"，这样想着而犹豫不决的上司大概也有。但绝非如此。

出现失败的结果时，"感谢部下的努力，慰问部下的辛劳，并为下次能够顺利进行而提出建议"。出现失败的结果时，即使怒骂，也并不能解决什么，谁也得不到成长，除了引起部下的反感什么也得不到。原本，在工作上，用恐吓别人来进行支配就是可笑的。虽然有着这样错觉的人很多，但是上司并没有这样的权利。上司的职责是，激发部下的干劲，最大限度地发挥部下的力量，做出突出的成果。

得出好的结果时，表扬部下，赞赏部下，慰劳部下，怎么会成为纵容呢？

或许，在日本的大多数企业中，大部分的上司可能根本没有自己被表扬、被慰劳的记忆。因此，不会涌现出表扬部下、慰劳部下的印象，而自己若是表扬、慰问部下，可能会有一种自己有所损失的感觉吧。大概是因为自己没有得到，因此也不会去给予别人。而这，完全不应该成为理由。

上司与部下之间有着不小的年代差距，价值观也相去甚远。在没有接受过透彻的、顽强的、高度成长期的价值观熏陶的现在，若不通过超越立场的不同而尊重对方的接触方式，是不会出结果的。

因为无须担忧"可能会变成对部下的纵容"，因此即使觉得会被骗，也请一定从今天开始尝试积极反馈。

最初的时候，部下或者家人或者朋友会有"唉？他怎么了""很奇怪啊""是不是有什么阴谋啊"这样的反应，但是无须在意。不在意地持续一两天就会发生很大的变化。但是，并不是随便说说即可，大前提是，看着对方的眼睛，用心地表达赞美、感谢以及慰劳。

批评与愤怒无甚差别

在将积极反馈导入组织时，有一个必然会出现的问题。

那就是，"虽然发怒可能是不好的，但是有时候有必要批评部下。而积极反馈的思考方式中，不能批评部下吧？"

一般情况下，很多人认为"发怒只是上司感情用事而发泄情绪""批评是上司为部下进行的严格的关注"。

我对此并不赞同。无论是哪种，从接受一方的立场来看，都只是"被严厉地责骂了"。

"今天上司发怒了，非常烦人""今天被批评了，受益良多"，部下们根本不可能对愤怒与批评有如此的区分。"不大声呵斥地进行批评"就可以了吗？当然并非如此。也有即使声音不大，也令人毛骨悚然的发怒方式。"发怒是不可行的，但批评是可以的"，这种基本上是借口的说法，还是不要为好。这样做了上司自己也会混乱，很可能本来是为了部下好而进行的批评，却渐渐涌起怒火，不知不觉就发怒了。

我认为，原本，工作上感情用事就很可笑。

部下与上司只是一起工作，获得工作上对等的回报，因此上司无权对部下发泄自己的感情。若是发泄情绪，则可以说是职权骚扰。以前都漏过了这点，而近年来，作为规则对此绝不容许（但事实上，上司依然横行霸道）。

"为部下着想而对部下要求严格"，上司们会这样说，实际上这其中就存在着很大的问题。只是将自己的标准强加给部下，仅此而已。

批评与愤怒无甚差别。从部下的立场来看，两者半斤八两，因此希望上司们不要纠结于区分两者的差别，而是应该贯彻积极反馈，明快地领导团队。

〔2〕
听取部下的烦恼

无论能力出众的部下还是能力不足的部下，都有烦恼

部下通常都会有烦恼。在为新工作而努力时，部下会有"对于该从哪里、怎样推进没有自信""当然没法事事都问上司""同期的同事又比我提前升职了""和其他成员关系恶劣""不知道新上司在想什么，感到不安"等问题。基本上不会有没有烦恼的人，部下们通常或多或少都有一些困惑。

而能力不出众的部下，烦恼会更深刻。"不知道能在公司呆到什么时候"，这个烦恼与生活保障相关联，因此会更加令人不安。经常被上司批评，在职场上也变得相当难以自容。而偏偏这种部下，回家后经常会朝家人发泄。不仅仅是工作上的烦恼，家庭的烦恼也非常多。

而能力出众的部下，当然也有烦恼。"现在这个工作适合我吗""这样下去，真的可以实现留学的梦想吗""为了进一步成长，自己应该怎么做呢"，等等，虽然可能都是较为积极的烦恼，但是对于部下本人来说也相当严峻。在心情上的严重程度，与能力不出众的部下没有太大差别。

向上司吐露的烦恼是其中的极少数

但是，无论多么烦恼，部下向上司吐露的烦恼只是其中的极少数。对于掌握着自己生杀大权的上司，全部都吐露出来是不明智的，极少数也是理所当然的。

因此，上司在与部下谈话时，最好做好对方只会说整体的十之一二的心理准备。因为知道对方绝对不会全都告诉自己，因此才需要上司更加认真地听，从而把握整理重要的信息，也更慎重地做出判断。此时的良苦用心，会成为想出更好解决方案的契机。

正在烦恼的部下，其视点较于普通精神状态时要更狭窄一些。

由于"谁说了什么""受到了这样的对待"等内容容易产生偏差，因此上司需要进一步取证，并结合其他人的意见把握情况，取得平衡后给部下提出建议。若不这样，上司可能会做出事后丢丑后悔的错误判断。"什么？我听到的和他说的完全不一样，没想到竟然是这样！"说不定上司会有这种感觉。

即使部下完全没有恶意，也会有很多无法完全传达之处，因此如果上司不是非常慎重或者经验足够丰富，可能会将部下引导到完全错误的方向上。

上司要时常善于倾听

通常情况下，部下不会面对面找上司咨询自己的烦恼。毕竟与上司的谈话总会有些心情沉重，弄不好上司会反应过度。或者是同僚们都顺利解决了某一类问题，自己一个人就这类问题向上司倾诉反而会变得很麻烦。还有就是，可能会导致上司对自己产生消极印象。

反复考虑之后，果然不能贸然咨询。有着这种想法而裹足不前的人很多。

倒不如说，从部下偶尔的一声叹息或者言语的极其细微之处才能看出一点端倪。

虽说如此，在这种时候，即使想让部下到自己办公室谈话，也不那么容易问出来。很多人会感到迷惑，因思维混乱而说不出话。还有人担心自己在张皇失措的情况下口无遮拦，因此而保持沉默的人也有。将部下叫到别的房间，会引起团队其他成员的注意，很多时候，反而会使问题复杂化，特别是部下受到欺负或者情绪不稳定的时候。为了伪装，平时需要进行个别面谈，为了该面谈不被特殊看待，必须下功夫。

邀请部下去喝酒，借着酒劲引出部下的心里话，也有这样的方法，但是也有人讨厌这样的交流，因此此法并不是万能的。若是上司为部下们所尊重则没有问题，但是若非如此，那么在这个时代，邀请喝酒并不会有什么效果。

"邀请部下喝酒，会被询问是否有加班费"，这绝不是个笑话。以前，可能上司稍微强硬地邀请部下，然后两人一次喝个够，那么隔阂就会完全消失，可如今这样基本上行不通了。

因此，平时仔细观察部下的干劲是否充足、烦恼有多严重非常重要，同时要注意多个情报源，并且为了不让机会逃走，必须时时注意保持倾听的状态。

不要勉强撬开，贝壳会瞬间闭合

即使上司对部下的言行很在意，最好也不要直接询问，要等待部下自然地说出来。如果是朋友自然可以轻松地交谈，但是对于上司，部下会非常抵触。若是同上司年纪相近，那么会受自尊心的影响；而若是年龄相差较大，可能会有代沟，从而阻力很大。

因此，避免直接询问有烦恼的部下，而是靠近部下，若是部下有说出来的心情，那么倾听对方讲话就足够了。即使是对方与自己商量，当对话进行不下去时也最好不要勉强地问出来。若是洋洋得意只想要去探寻他人的秘密，那么心的贝壳会瞬间闭合。

会变成"啊，这个人不行，根本不理解我"或者"感觉想法完全不同""要是不说就好了""明明是你刚刚说有话要说我才空出时间""是看到你非常烦恼才来询问的"，等等，再抱怨为时已晚——要把握的就是这样微妙的时机。

这样一来，这样的交流似乎相当困难，但是实际上并没有那么难。无论如何都请耐心等待部下开始说话，仅此而已。但是，一边等待一边内心焦躁地想着"快点说啊，我还有很多工作要忙"，会使对方发觉，最好一瞬间都不要瞥手表。如果这样，对方会客气地结束对话，"已经可以了。不好意思，耽误你的时间了。"

"悠闲地等待，不焦急地等待"，请一定要记住，欲速则不达。当然，这也不是说让你等十五甚至二十分钟。虽然似乎很长但是其实只要过几分钟，部下就会一点点说出来。不使对方焦躁，不煽动对方，不推动对方尽快说，仅此而已。

当事人以外的人口中所说的情况也要注意

部下的烦恼，首先会说给同事听。或许是因为本人意愿而说给同事听，或许是因为在一起时间很长，不想隐瞒而告诉了同事。"最近看起来很没精神""中午饭剩了将近一半""周末好像没有出门，睡了一整天"等情报，比起上司，同事们会更快掌握。

因此，能够与部下进行良好交流的上司，关于某个部下的烦恼，能够通过其他同事的发现与掌握而获得。如果有着信赖关系，那么可以通过当事人以外的其他人，尽快掌握整体情况。而在这种情况下做出认真、慎重的应对，会加深部下对自己的信赖，并且会迅速传到全体成员耳中。

但是，根据不同的情况，询问当事人的同事这件事情本身，有可能产生消极影响，毕竟连上司都担心了。因此，需要细心注意，慎重推进。

若是过分认真地听对方讲话，那么自己的担心就会传递到同事那里，而若是不仔细倾听，部下们会感到这个上司太迟钝了，难以交流。这样的事情虽说挺麻烦，但是多加注意，习惯之后就并不是多么困难的事情。只要平常自然地观察状况，注意耐心地与部下进行交流就足够了。

"酒席上不用客套"行不通

俗话说"酒席上不用客套"，带着部下去喝酒，"好了，先喝酒，不用担心地说出来吧"，可能也有上司采用这种方法。

以前很常见。但是，这种方法已经非常老旧了，而且部下的警惕性很强，最好不要以为可以行得通。可以理解成，虽然说"酒席上不用客套"，但若是因此疏忽大意说出什么不合适的真心话，而上司全部记得那就糟糕了。

■听取部下烦恼时，注意事项确认表

· 不是直接询问正在烦恼的部下，而是靠近部下，等待部下有说出来的心情

· 问出烦恼所在并不是重点，而是要自然地传达自己想要帮助对方的心情

· 即使谈话开始部下说一些难以听懂的话，也要点头倾听

· 即使部下说得支离破碎也先不要只想着整理和下结论，而是彻底当一个倾听者

· 焦躁不安地听对方说话会迅速传达给对方，急躁是绝对禁止的

· 若是心里抱有假设去听对方说话，则容易套用内心所想的相似类型偏差地理解部下，要没有设定、专心致志地侧耳倾听

· 不要一边听一边同他人做对比

√ **不要问出口，等待对方自然地告诉自己**

| 世界精英的带人术

作为上司，即使是喝酒，在自己所熟悉的方法行不通的前提下，也有必要灵活应对，如今就是这样的时代。

　　当部下是年轻人、女性或者是外国人的情况下，更要特别注意。无可非议的是，最好不要借用酒精的力量。

〔3〕
有效地执行团队会议

彻底贯彻团队会议的频率、议题等

若要有效地做出团队成果，团队会议的运营是关键。

如果团队会议发挥功能，那么就能做到尽快共享课题，从而采取正确的行动，因此更容易做出成果。而碰壁了的成员们的烦恼也能尽快与成员们分担，从而尽早做出对策，也能让团队成员们保持较高干劲。经验诀窍的共享也能自然地推进工作，从而加速成员们的成长。

团队会议的频率，虽然与团队的干劲等有关系，但一般情况下，每周一次，确定周几以及具体时间段，只要没有特殊的事情就要切实实施。如果切实实施，那么因为类似"这周大家都很忙应该就不会举行会议了吧"这种随随便便的理由而缺席的人就会减少。

一定会有人认为每周一次的会议过于频繁，是对时间的浪费，想要两周进行一次，而我认为每周一次要更好一些。若是隔周举行，那么所有的循环周期都容易拖到下周，步调会有所下降。

若是每周一次会议，PDCA就可以以合适的步调周期循环。只有30分钟也可以，成员们碰面，确认进度即可。即使是成员们分散在全国各地无法每周聚集在一起的情况下，也要隔周碰面，而这中间的一周，则以电视会议或者通过Skype的形式维系。

顺便一提，我所支援的一个急速成长的风险企业，开始时每周举行一次进步会议，中途增加到两次，PDCA（Plan，Do，Check，Action，计划、执行、检查、行动）的循环速度增加到了两倍以上，有非常显著的效果。

虽然会议召开的时间跟组织领导方针以及行业有关，但基本上是周一早上9~10点，或者周五17~18点。周一召开，可以确定一周的计划安排，并以全新的面貌展开新的努力。虽然一般情况是这样，但是，也因为是一周的开始职员稍感难以安定下来，往往容易急于确认，而使意见交换变得困难。反之，若是缓慢进行，那么一周中最重要的时间里速度又会降低很多。

如果是周五傍晚，那么可以对一周完成或者没完成的事情进行确认，在一周结束之前做出总结。而会议结束后可以直接举行联欢会，可以谋求更加顺畅的团队交流。而在心境上，更加容易进行反省、概括，而最佳实践的共享以及意见交换也能进行得更加顺利，因此，若是有选择，我更加推荐在周五傍晚进行。

团队会议的运营是，确定议题后，用30分钟，最多不过1小时即结束会议。即使内容丰富的会议，若能干脆利落地推进，也基本不会超过1小时。因此尽量让会议不要超出1小时。由于人数较多，会议的成本很高，若是拖沓冗长的会议，对整体的速度感会造成切实的恶劣影响。

单纯的情报共享尽可能利用邮件或者企业内部网络事先完成，而全员聚齐的场合，尽可能讨论只能在这种情况下进行的方针的贯彻、成功事例与失败事例的共享、对于课题的努力等议题。这样会议会更加充实。

关于议题，提前准备资料

作为团队会议的准备，最好就讨论内容简单地整理成一页纸的资料。

想要节约时间而什么都不准备，大家的理解会浅薄，议论会宽泛而导致本末倒置。若是在现场使用白板书写则会浪费时间，写成文章的话又稍显潦草，因此作成一页PPT演示文稿较为合适。一旦做过一次模板，那么5～10分钟就能够做出很好的具体内容。

将上一周讨论内容的文件复制，以新的日期另存为新文件。在此基础上变更需要更改的内容，比起从零开始制作新的文件要快几倍以上。

作为组织领导的上司的视点与部下的理解有着很大分歧是正常的。为了弥补这点，更好地围绕论点进行方案的比较，将A方案、B方案，其优点与缺点及结论整理到一页上（参照187页表），这样，无论对谁来说都清晰易懂，讨论也不易偏离方向。

与个别成员开碰头会时、与外部的顾客或者合作企业召开会议时，可以采用相似的方法，这也可以让业务整体的生产效率得以提升。

■公司方针的决定：优点与缺点比较

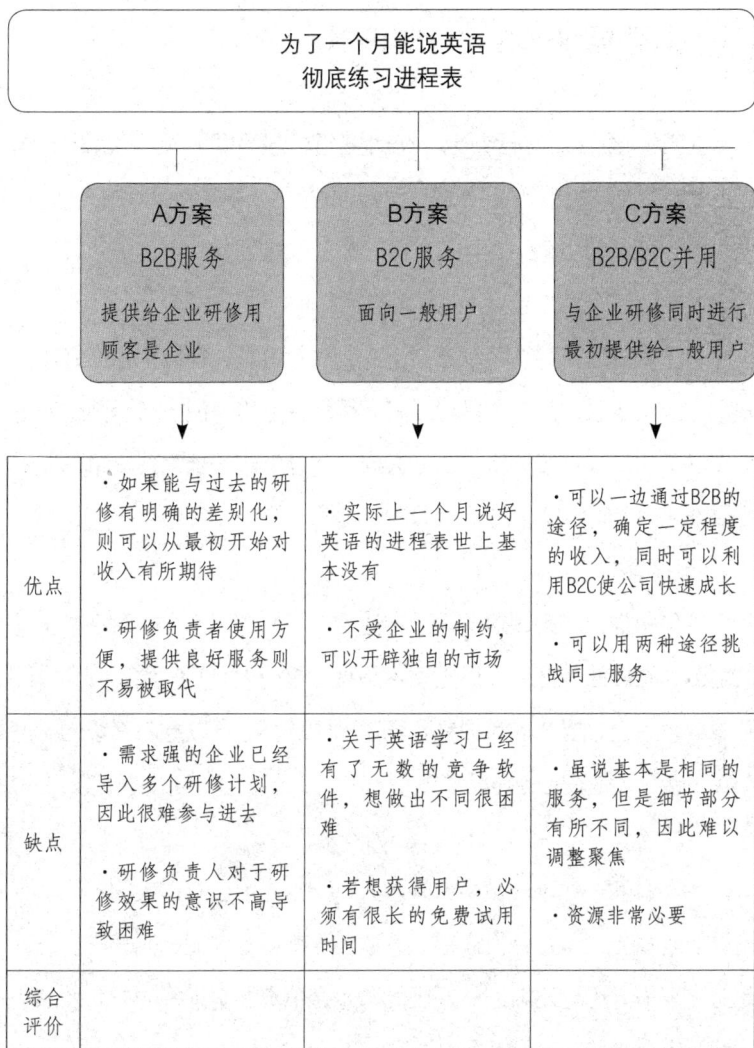

为了一个月能说英语
彻底练习进程表

	A方案 B2B服务	B方案 B2C服务	C方案 B2B/B2C并用
	提供给企业研修用 顾客是企业	面向一般用户	与企业研修同时进行 最初提供给一般用户
优点	·如果能与过去的研修有明确的差别化，则可以从最初开始对收入有所期待 ·研修负责者使用方便，提供良好服务则不易被取代	·实际上一个月说好英语的进程表世上基本没有 ·不受企业的制约，可以开辟独自的市场	·可以一边通过B2B的途径，确定一定程度的收入，同时可以利用B2C使公司快速成长 ·可以用两种途径挑战同一服务
缺点	·需求强的企业已经导入多个研修计划，因此很难参与进去 ·研修负责人对于研修效果的意识不高导致困难	·关于英语学习已经有了无数的竞争软件，想做出不同很困难 ·若想获得用户，必须有很长的免费试用时间	·虽说基本是相同的服务，但是细节部分有所不同，因此难以调整聚焦 ·资源非常必要
综合评价			

带领成员尽可能多地发言，提出疑问

在团队会议上，有必要最小限度地进行单方面说明，尽可能领导成员们更多地发言，提出疑问。越多地发言、提问，当事人意识越强。意识增强后，会更容易提出改善的建议，而全体成员的干劲会大幅度提升。

部下中的大多数，某种意义上受到的教育是，在组织中最好不要问问题。大多数人会在考虑过后将问题埋在心里不说出口，因此若不是用尽一切手段持续地将"欢迎大家问问题"这一理念传达给部下，将很难使部下问出口。

即使将提倡问问题这一理念传达给部下，部下也会随时观察上司的脸色、微妙的表情，如果上司不是真心希望大家问问题，则会立即被看穿。总之，要知道人很难隐藏自己的真心，所以抱着真挚的态度与部下接触才是真正的捷径。

另一方面，如果成员中有外国人，那么氛围会有很大的不同。无论是向上司提问题还是发表意见，欧美人都不会像亚洲人一样左思右想有所顾虑，因此逐渐的，周围的人也会被牵引着向好的方向发展。因此一定要活用这一因素。

■为使每周一次的团队会议有效运转的检查清单

·只要没有非常重要的事情，每周必须召开会议，养成习惯

·每周一次的团队会议，全员参加是理所当然的。即使忙碌、出差也要参加，确认进度，全员会面是非常重要的事情，要制造这样一种氛围

·为了使成员们体会到每周一次的团队会议的价值，需要进行方针确认、方针变更、成果共享、经验诀窍共享、失败事例共享、目标达成度共享等内容

·事先确定议题，30分钟到1小时结束会议

·如果是周五傍晚举行会议，那么会议结束后可以直接举行联欢会增进效果

√ 让部下感到会议的价值，让每周一次的团队会议习惯化

决定事项必须注明和共享，并转化成行动

团队会议上的决定事项，一定要作为会议记录记载下来，并转化成行动。做法很简单，只要将决定事项整理成1页文件即可。到何时、谁做什么，这样记录。

而且，该会议记录应在会议结束后立即完成，最晚也要在当天完成。若不贯彻，那么部下们会轻视团队会议上做出的决定事项，找各种各样的理由不去实施。如果这样，作为组织领导人的领导能力、执行能力就会遭到质疑。虽说是非常简单的事情，但是如果不认真施行则容易被忽视，因此上司一定要注意。

在下周的团队会议上，对前一周的决定事项、实施的项目进行确认，通过追踪，保证决定事项的切实进行。若对此怠惰，工作一定会变得散漫，因此最好不要妥协。

不要等着下次会议

有时候团队会议上的讨论不能一次完成，问题会有所遗留。虽说

最好能一次就做出决定，但充满议论或者争执的时候，已经能明确看出无法在当时得出结论，那么就需要再一次进行讨论。

而此时，有一点必须注意。若是决定下周的团队会议上再继续讨论，那么就是对时间的浪费，大部分工作会因此而耽搁。团队会议是为了定期召开而决定每周一次，但是作为工作的循环每周一次却有些太慢，因此并不是一定要将两者对应起来。

当天下午，或者说第二天，最迟也要在两三天内，只是召集主要成员进行再次讨论，最好能快速转化成行动。如果不这样做，很快就会过去几个星期。工作的循环周期一定不要以周来计算。

〔4〕
在团队中最大限度地共享信息

不与部下进行信息共享的，是最浪费的愚蠢上司

有些上司基本上不怎么与部下进行信息共享，而这作为上司的行为绝对是不明智的。如果没有做到信息共享，部下只能在有限的信息下推进业务，可能会出现错误、找不到最佳方案，等等。有时候会做很多无用的工作。更有甚者，由于部下只能接触到有限的信息，无法拥有公司的整体视野或者经营者的视点，而对其成长造成阻碍。

上司的权利、领导能力并不是从"比部下拥有更多的信息"而来，并不是不和部下共享信息就能够维持自己的有利地位。根据组织的任务，决定谁该做什么、应该怎样做，及时地做出成果才是组织领导者的职责所在，而将此作为基础才是上司权利、领导能力的所在。

一部分上司认为，与部下信息共享后，会威胁到作为上司的地位，难以维持作为上司的威严。而这完全是误解，想法本身就很可笑。

上司进行信息共享无论在哪个公司都很重要，甚至有公司会检查上司是否认真地将信息传达给部下，并将其与上司评估审核挂钩。

上司所知道的信息尽可能做到与部下共享

上司最好不要吝啬，要尽可能地将自己所知道的信息与部下共享。

当然，人事变动、升迁、降职、薪酬等人事相关的信息不能共享，其他信息最好无须挑拣，一股脑都同部下共享。

若是上司想要控制情报，那么部下对于整体情况的理解会变浅，从而可能漏掉个别信息，导致生产效率低下。如果想要拼命地从有限的信息中做出推测以使业务有所进展，则可能会做出错误的判断。另外，在提高团队干劲上也没有任何好处。

如果得以信息共享，部下可以充分理解上司的要求是什么，为什么这样要求，因此对于部下来说工作会更加容易。即使上司不一点一点进行说明，部下也能够做好，并且不会出现什么遗漏。而部下的视野则会变得宽广，不断地学习成长，对上司来说，这样也轻松得多。

基本上，除了人事相关的信息，其他信息哪些需要传递，哪些不能传递这种取舍根本没有必要。因为是主任，所以还早着呢，因为是课长，所以这些还不用知道……没有理由对其划分，统统认真传达给部下，让其能够捕捉整体情况。

如果说担心信息泄露，那就是全公司的课题了，而使用起来非常安全的方法早已经存在了（比如说Eugrid株式会社的解决方案等）。

大多数人怠惰于将信息与他人共享，因此需要指导

无论上司怎样向部下们传达信息共享的重要性，哪怕自己也已经贯彻了这点，依然有大部分成员不能执行。是他们灵敏度低呢，还是他们不够认真呢，或者他们不知道信息共享真正的重要之处呢？上司们总会面临这一问题。

并不是部下不踏实认真，也不是部下想要偷懒。即使部下想要认真地完成工作，也只是在信息共享这部分似乎完全忘记一样地懈怠了。能够信息共享的人在共享着信息，而做不到的人则完全做不到。就是这种感觉。

■为了做到信息共享，指导要尽可能细致

· 信息共享的频率、时机都要具体地传授给部下，指导至部下能实施为止

· 创造信息共享的机会，甚至应该共享内容本身，根据情况的不同，上司提前准备，并让部下使其流传出去

· 当部下进行信息共享时，要马上做出积极反馈

· 当部下进行信息共享时，对此进行评论、感谢的内容等都要事先准备好

· 当不擅长信息共享的部下做出努力时，要特意表扬对方

· 对于特别擅长信息共享的部下，要有意识地刺激对方，让其传播信息

√ 信息共享，如不极其细致地进行指导将很难得以实施

因此，想要彻底实行信息共享的上司，非常有必要以"即使认真的部下也需要做好信息共享"这一设想为基础，极其细致地对部下进行指导。

每次都传达信息共享的乐趣与重要性

按照上司的指导，部下稍稍想要尝试信息共享时，上司若不继续支持下去，部下将退回到原点。有必要将其提高到组织的价值观、行动规范的高度，每次都要对信息共享可以享受到什么、为什么能顺利进行、有多么重要等进行说明，亲身感受，使部下理解。

比如说，由于信息共享，团队内部得以进行良好的合作作业；由于信息共享，得以在危急时刻避免了失败等，当时的紧急关头与最后松了一口气的经历，要通俗易懂地讲给部下听。

灵敏度高的部下，或早或晚能贯彻信息共享，因此可以以这样的部下为中心，逐渐扩大范围。一旦体验过一次信息共享的重要性，团队就能够将信息共享继续进行下去。

信息共享虽然看起来很简单，但如果不是对实现团队最有效的工作方式怀有热切的心情，则体会不到其重要性，因此信息共享令人意外的困难度很高。虽然对于能做到的、灵敏度很高的人来说太过理所当然，而难以理解为什么信息共享很难，但是，实际情况证明这绝不是简单的事情。

推荐的方法是，在笔记本或者手账上写"正"字，每天计数，进行超过10次的积极反馈。在公司中没有完成10次的日子，上班路上或者对家人进行积极反馈，一定要超过10次。无论是在公司还是在家里，一定可以感受到令人震惊的效果。

如果在家里进行积极反馈，很快就会出现很大的变化。在进行积极反馈之后，家人们甚至会在你早晨上班时，送你到玄关，你会得到很多令人开心的积极回应。

第五项实践

耐心细致地培养部下

第六章

Chapter6

〔**1**〕
对不同的部下分别采用不同的接触方式

回忆自己作为部下时的经历

不可思议的是，大多数上司，在成为上司后，似乎立刻就忘记了自己作为部下时的事情。

而上司们似乎并没有考虑过，短短几年前自己作为部下时如何感到厌恶，而现在自己作为上司却正采用着差劲的方式去接触部下，完全不站在对方的立场上考虑事情。

那么，请换个立场考虑，试试站在部下的角度来评价自己……像这种简单的事情很多人却没有想到要去尝试。可能是因为升职所带来的自信，或者是因为面对重任的紧张感或气势膨胀所致。

只是，自己几年前作为部下的时候，对于自己的上司是什么感觉，对什么样的上司很感激，而又对什么样的上司很是轻蔑……似乎忘得相当彻底。但是，因为这是非常重要的事情，哪怕只有一点点也要尝试着想起来。当时是怎样的不甘心，被如何无理地对待过，请尽量回忆起来。

要想成为出色的上司，这样的自我反省是不可或缺的。若不这样做，无论人们怎样议论，自己都不会有所回应，也根本不会想着去认真改善。

不要将部下"一概而论"，每个部下都有所不同

上司只有自己一人，而另一方面，部下却有3到20人，甚至更多。因此，很容易会看成"上司对部下"这样"一对整体"的构图。上司有的"我的部下""部下没有干劲"之类的想法，通常会以偏概全。

然而，自己多年前也曾被这样对待过，明明自己与同僚、没有干劲的前辈、做不好的后辈完全不同。无论是面对工作努力的程度，度过周末的方式，还是日常奋斗的方法，每个部下都完全不同。能做到的人能做到，而做不到的人就是做不到，无论怎样大家都大不相同。

"不想和其他人一样""不想和别人混为一谈，被统一评论成部下怎样怎样"……你一定也曾这样想过。希望上司们不要忘记。

上司一定不要对部下一概而论，需要将部下们一一分开，分别观察他们的工作内容、长处、成长课题以及干劲、价值观，并做出对应。

某个部下，无论干劲还是能力都非常高，并且有一贯性，交流起来感觉也很好。另一个部下，虽然干劲是别人的一倍多，但是稍稍有些波动，虽然当事人自己也知道，想要去做些努力，但是一旦消沉总是需要花费一定时间来恢复干劲。而还有另一个部下，缺乏自信，虽然到处活动想要做出成果，但是却不能认真听取别人的意见，总是如同过独木桥般危险，虽然有时会顺利通过，但是也经常会因失败而陷入自我厌恶中。

如同每个人都有自己的名字一样，部下的能力、适应度、情绪特征等各不相同。对此决不能对"部下们"一概而论，而要耐心细致地分别应对。

如果这样，我想大概会迅速出现"没有那么多时间"这种声音吧。但是，如果这样想就什么也无法开始。如果能够分别改善部下的工作方式并做出成果，那么花一点观察、应对的时间也就并不是什么大不了的事情了。而且一旦有那么一次，部下成长了，那么后期无须上司花费时间，生产效率就会逐渐上升。并且，对于其他部下来说也是一种激励，能够起到一定的示范作用。

不要先入为主地听取对方的话

无论是谁都要平等对待，特别是上司与部下谈话时，上司要避免先入为主地听对方讲话非常重要。拥有经验及自信的上司，无论对何事都会有所预设，容易出现不听对方讲话就强词夺理或先入为主的情况——而这正是自信的上司容易落入的陷阱。

带有先入之见地听别人讲话，容易生出很多问题。

第一，部下会迅速察觉到上司的先入之见，会认为"即使和这个人说了也没什么用"，部下会关闭心门，只与上司说一些无关紧要的事情。上司最好抱有这样的想法——即使想要隐藏自己的先入之见，也一定会被看穿。人的心情与想法是难以掩饰的。别人是怎样看待自己的，大家的敏感度都非常高。

若是上司这样做了，只会被打上标签——"这个上司是个不听别人讲话的人"。并且这件事情会迅速地传到别的部下耳中，而且是有意的传递。而这与他（她）同其他部下的关系好坏无关，只是一起说作为"共同的敌人"——上司的坏话而已。一旦部下们都知道后，就会有所戒备，而挽救也就变得相当困难。当然，带有先入为主的观念与他人接触，即使不是部下，也会发生同样的问题，总之完全没有任何好处。

第二，一旦有先入为主的想法，则会只听取与自己的观点相符的意见，就容易做出错误结论。某种程度上，带着假设听对方发言比较好，但仅止于提前有大致的目标。因此，在听到对方发言后，发现自己的假设是错误的时候，应该立刻在当时做出灵活的改正。另一方面，先入之见与这样容易改正的假设相比要强硬得多，会变成"确信就是这样"。不是假设，而是接近于确信，因此并不容易改正。因为先入之见并不是对现状有所把握的基础上的假设，故而容易变成自己的错误结论。

第三，一旦对某件事情有了先入之见，则容易跳过考虑工作、印证工作，结论会变得相当简单粗暴。一旦这样，思想上就会变得懒惰，而面对其他事情时也容易偷懒将印证工作省略掉。因此，先入为主的观点会增多，与"假设思考"以及"有力的问题解决能力"渐行渐远。

关注部下的发言、行动

上司要关注每个部下的发言、行动，关注部下在想什么、要做什么、现在正为什么所困扰、喜欢什么、讨厌什么，等等，都要尽可能详细地把握。

如果只是感觉到有一点"奇怪"，就逐一说出口，那么部下便会畏手畏脚，逐渐变得不愿意自主行动。因此，当按照协定的计划推进，并进行了足够的交流时，最好只是关注部下。在开始出现大的偏离之前，要相信部下并将工作交付给部下。但是，信任与托付同放任不管完全不一样。

如果采用输出图像制作方法，按照最初协定的计划推进工作，并频繁地确认进度，就不会出现较大的偏离。这样，在两次进度确认之间，最好将工作完全交付给部下。而关注部下并不会占用很多时间，只要有这种意愿，即使在上司的立场上时间有限，依然能够观察、关注到非常多的信息。

即使不采用输出图像制作方法，也一定要在最初达成计划的共识，随后只要向部下确认是否按计划推进，有没有发生偏离即可。

以此为前提，一定要关注部下的发言、行动。但是，当出现恶性循环时，容易发生部下想要凭一己之力做出挽救、隐瞒上司的事情，因此为了能让这些不利消息迅速传递，并让这些部下的同事尽早知晓，有必要确立交流规则和组织行动规范。

〔2〕
培养那些能力不出众的部下

从与能力不足的部下的接触中可以看出上司的胸襟

带领能力出众的部下，上司会比较温和。当上司想要去做什么时，他们会马上理解并行动。即使上司什么也不做，因为业务忙得团团转，他们也会将事情做好；即使情况发生变化，他们也能够做出相应的对策，有效地挽回损失。

但是，能力不足的部下在这些方面则完全行不通。上司不仅无法将工作交付给他们，平常不随时注意就无法让人安心；而且，有些部下情绪多变，相处起来也比较困难。持续的辛苦会让上司感觉这是上天给自己的锻炼。如果不是非常有能力的上司，则容易做出粗糙的应对，或无法抑制地发怒。这样，即使难得地以理想状态推进了工作并得到了相应的成果，与能力不足的部下的接触方法也会暴露出作为上司的狭隘胸襟。

对能力不足的部下，如何为其设定合适的目标，如何将业务细化后对其说明，如何进行支援，如何做出超出预想的成果，都有必要进行耐心细致的功课补充。而能力不足的部下，恰恰是发挥上司能力的最佳所在，并且也是上司提升自己能力的锻炼之处。

关键是，上司要摒除"我能做到"或者"能做到的就是能做到"等想法。时代与状况都有所不同，人与人也各不相同。不要设定框架，需因人而异，给出相应的支援，那么部下就会相对地有所成长。

如果上司自己的工作都完成得很困难，则难以对能力不足的部下做出满意的应对。上司从容地完成自己的工作后，无论是能力出众的部下还是能力不足的部下都要作为自己的部下平等对待，不停地思考如何让他们活跃起来，这样才能提高领导能力。

其他部下全都看在眼里——"果然如我所想"

与能力不足的部下接触时，有一点非常重要。那就是，无论做什么，其他部下全都看在眼里。对于能力不足的部下，上司是怎样与其相处的，是否像对待其他人一样；是否安排了与他的能力、资质相对应的工作；还是直接扔在一边不管；是否不伸出援手只严厉地追求结果，等等，这些事情其他部下都看在眼里。

部下会在全部看在眼中的基础上，伴装不知道地与上司接触。即使装作不知道，其实部下的内心已经对于上司的胸襟进行了认真的评估。或是尊敬，或是轻蔑。而当上司一不留神，对能力不足的部下发牢骚、表达不满时，他们就会说："看，果然是这样。"

无论如何，最好记住隐瞒没有任何用处。态度、遣词造句、微小的表情都会将你的内心想法反映出来。而只考虑自身利益、明哲保身的上司，只把部下当作棋子的上司总会遭到报应。

探寻造成部下心灵创伤的原因、缺乏自信的理由

能力不足的部下大多受到过心灵创伤。比如说，刚进公司的时候彻夜做的文件被撕碎扔掉，被顶头上司当成笨蛋羞辱，被晚自己三年进公司却成为自己上司的后辈怒骂，很多部下因为有了这样的经历，而成了现在这样，无法对自己、对工作充满自信地努力。很多时候，即使看起来不是如此严重的事情，也会因为当事人的在意而对行动造成影响。

这种心灵创伤越是严重，越无法从当事人口中问出来，而当事人自己也不可能一点点说出来。我们可以理解为，这些部下有着家人朋友都不知道、也无法对家人朋友说出口的心灵创伤。

即使这样，如果部下能够将上司看作可以信赖的人，并且认为无论什么情况上司都不会伤害自己，关系就能逐渐融洽，也会逐渐对上司说出自己内心的创伤。当然他们往往会对于倾诉对象是上司而有所担心，但又"真的想问问别人"。因此对于敏感的部分，部下如果诉说就倾听，如果吞吞吐吐上司也绝不要表现出一丝一毫的不耐烦，沉默地耐心等待就足够了。不需要问出口，只需要在那里，安静地等待对方的话语溢出来。

此时，绝不能表现出一丝一毫的不耐烦，否则刚打开的贝壳又会合上，而自己的心情也会变得不好，会觉得"虽然是那么说，但是因为烦躁才表现出烦躁，如果能控制我也就不那么辛苦了"。我有不同的看法。尝试着牵着对方走一两步之后，就会发现实际上并没有那么困难，只要静下心来听对方讲话就足够了。请一定尽可能地尝试。

关键是让部下拥有自信

能力不足的部下，大多由于曾经的心灵创伤而导致对自己没有自信，觉得自己无论做什么都无法顺利完成。一旦发生什么，曾经的创伤感就又浮现出来，而无法做出像样的工作讨论及交流。这种痛苦，对于相对来说顺畅地成长、晋升的上司来说很难理解。

对于这样的部下，让他们拥有自信比什么都重要。若要使其拥有自信，只能不断累积小的成功体验，这样才能将其破碎了的自信心一点点重建起来。比如说：

· 领导、组织会议，并最终达成协定

· 制作市场计划并能从小事开始逐渐进行实践

· 能够进行客户开发

如上等等。通过积累小的成功体验，可以让人逐渐变得拥有自信。而此时，让部下感觉到自己终于能够独立接受任务，可以独立完成任务非常重要。

而让部下积累小的成功体验，需要花费上司很多时间和努力。作为忙碌的上司，自己去应对可能较困难，因此可以培养出值得信赖的部下，让他们帮助自己指导这些没有自信的部下。

"不做到这种地步难道不行吗？"——请丢弃这种想法

若是上司总是照顾着部下，那么心情会逐渐变成"为什么我必须做到这种程度呢"，并且开始出现"到底要做到什么程度呢？""还要怎么样啊？"的想法。而部下的反应也会变得有些微妙甚至觉得愚蠢可笑。

我认为最好完全丢弃这种想法。越是这样想，内心也会越来越焦躁，成为心中的一种噪声，而好不容易得以顺利进行的工作也变得难以继续。"无论如何上司应该培养部下，做出成果"，我们可以认为，当部下一点干劲都没有的时候，恰恰是上司发挥本领的时机。

"为什么我必须做到这种程度呢"，这种心情如何才能完全舍弃呢？无论怎么考虑也无法理解，如此这般照顾部下却依然做不出结果；"作为上司这样考虑为什么不对"或者"如果能丢弃这种心情我就不用这么辛苦了"，大概也有上司会有类似的种种想法。

但是，若是换个立场来考虑呢。

培养部下，做出成果本身就是上司的职责所在。而在完成这一职责之上，"为什么我必须做到这种程度呢"这种想法从根本上就是消极的。如果是面对自己的孩子，大概就不会想着"为什么我必须做到这种程度呢"了吧。即使觉得"很困难啊"，也绝不应该有"为什么我必须做到这种程度呢"这样的放弃自己职责的想法。

上司为做出成果需竭尽全力，而为了做到这点最重要的同伴就是部下。如果有人反驳说"部下和孩子是不一样的"，那么我想说："作为尽职的上司，某种意义上，部下难道不是与孩子同等甚至更加重要吗？"

尽快舍弃消极的想法，带着积极的心情与部下接触更加有生产力，并且氛围也会完全改变。

并不用花费大量的时间，关怀是关键所在

虽说要关照能力不足的部下，但并不是说一定要花费大量的时间。如果在此花费太多时间，作为组织领导的责任将无法达成。虽说帮助某个部下很重要，但是决不能因此而忽视了组织的任务。

如果不花费大量的时间，应该怎么做呢？我认为，关怀很重要。所谓的关怀是指，放在心上，听对方述说，关注对方，并不驱赶对

方，等等。而上司只要付出了这样的关怀，部下就会感到安心。

而安心则会使部下较易展现出原来的实力，部下会感觉还能再努力一点点。而能力不足的部下至今没有一次成功体验、总是对自己缺乏自信的痛苦也有了少许改善，并且也能稍稍从心灵创伤的体验中脱离出来。

可能被之前的上司恶劣对待过

能力不足的部下，由于业绩差、工作上有失误，可能遭到过之前上司的恶劣对待。一定是被前一任上司，或者是成为社会人士之后的某个上司恶劣对待过，从而对自己失去了信心。这种人，在成为社会人士之前，也可能受到过来自父母或者老师的心灵伤害，也许总是被拿来和兄弟姐妹做对比，总是被骂"笨蛋""头脑不聪明"，于是一直对自己没有自信。

要想从某种程度上克服这些心灵创伤，有必要加入一定量的能够消除创伤的"人性对待"。当无法相信别人的部下，被温柔地触碰、所说的话有人耐心听、被人询问自己的意见、受到耐心温和的对待后，伤口便会渐渐愈合。

这样考虑的话，因为是能力不足的部下，上司就傲慢地看不起对方，不仅仅是为人方面有问题，也是从出发点上放弃了作为培养部下的上司的责任。最开始肯定有些困难，但是希望上司们积极连续地与部下接触，使这样的"能力不足的部下"的伤口得以愈合，哪怕只是帮助一个、两个部下也好。

有时放弃也是必要的

尽管如此，能力不足的部下中，也混杂着一些并非真心为工作努力，没有成长欲望，认为人生只要随意度过即可的人。

即使上司带着诚意与之接触，此类部下也完全没有胜负心的时候，会让人颇感无可奈何。这种情况下，上司需要告诉该部下他的问题与改善方案，达成协议后，每隔三个月进行评价、反馈，并且有必要仔细观察该部下干劲是否有所提升。

当经过两次（6个月以上）反馈之后，部下依然完全没有想要改善的情况，作为上司可能已经力所不及，需要人事部等进行支援。若是经营者将对于这样的员工的处理方案都推给上司，同时严格追究上司作为部门领导人的业绩责任，则稍显不负责任，可以说是非常片面。

有的公司会对各个部门每年业绩处于最后10%的员工予以劝退。公司并不是慈善机构，必须提升业绩，因此出于无奈会放弃那些没有进取心的员工。

而放弃的方法，则与公司的业绩以及之前的评价反馈方法有关。如果公司的业绩极差，继续下去可能会全员覆灭的情况下，则不得不按照正规的手续将其辞退。公司的业绩没有那么差的情况下，不同的公司会采取不同的方式。无论采取哪种方式，上司在某种程度上都不需要继续背负责任了。

〔3〕
培养那些能力出众的部下

能力出众的部下会在合适的建议和挑战中爆发式成长

　　另一方面，能力出众的部下即使放手不管也会有所成长。他们会自己不断下功夫，做出令人惊讶的成果。这些人周围也有很多朋友，经手大规模的项目也能毫不犹豫地付诸努力。

　　上司可以做的事情绝对不是给他们踩刹车。如果上司只是一味地强调自己的存在意义，那么他们绝不会喜欢这样的部下，并且容易各种挑刺，最好不要做这样的事情。率领这样的部下并不费力，若是能够给出合适的建议，能力不错的部下将会有更加爆发性的成长。为了拓宽他们的视野，给予他们目前没有注意到的观点的建议会非常有效。这样，他们不仅能得到成功体验，其后的人生也将更加顺畅。

因此，若是感受不到别人的痛苦，过度积极，经验反而会意外地受到限制。对此，部下们只需根据上司拓展观点的建议，就无论是在做人上，还是工作上，都会发生几个月之前无法相提并论的成长。

不要让部下产生误会变得骄傲

但是，像这样能力出众的部下有时候会对上司的肯定产生误会，变得骄傲自大。一旦变得骄傲，无论之前做出了怎样的业绩，他的成长也将止步于此，掉入高傲的陷阱。

作为上司，绝对要避免这一情况发生。当部下洋洋得意而要产生错觉时，上司无须犹豫，请马上对其进行指点。光是想着不想让部下心情不好而总是说一些客气话是没有意义的。我想大概从前的上司就是因为这样去接触部下，才会产生很多傲慢的部下吧。因为平时受到各种奉承，于是逐渐就无法客观地看待自己了。

稍稍严重一点，即使上司踩刹车也没有用了。而最终，当事人自己才是最辛苦的。这种情况下，不要妥协，尽早将该说的话说出来，修正部下的误解是上司的职责。一旦完全"翘起尾巴"变得听不进别人的话时，就会变得难以修正。

让他们指导其他部下

让能力出众的部下指导其他部下能够加速他们的成长。在部下正式晋升之前的这段时间，给他们分配部下让其积累作为上司的经验，将团队中的新人部下分一两人给他们指导。对上司来讲，不仅仅是自己努力就足够，而要随时注意做到活用部下。而这样做短时间内就能让这些部下迅速成长。

与此同时，作为上司就无须追踪全员进程，负担会减少很多。多余的时间可以用来为指导部下的方法提出更多创见，能够为其他部下做出更有力的支援。

真正能力出众的部下，内心还有富余，想要接受更大的挑战，因此，像积累上司经验这种指示，他们会很开心地接受。正是这种灵活的态度、充满渴望的方式，能够给他们带来更加急速的成长。

而当部下不能做到这一步的时候，或者说部下内心没有富余的情况下，勉强他们也没有用，因此首先要集中精力提升技能，引导部下做出更多成果。在内心出现余裕时，再开始给他们提供指导其他部下的机会。

作为自己的接班人来培养

组织领导者通常会培养自己的接班人，必须确保随时能接替自己。当自己有什么事情的时候，马上能够作为接班人接替自己的是谁？一年后的话是谁？三年后的话是谁？其他部门的成员也要作为对象考虑在计划之内。

原本，这应该是人事部或者公司首脑们考虑、并进行轮岗等人才培养的问题，但是并非如此的公司也不在少数，因此至少要当作领导者的责任设定目标。

必须确保有多名接班人候补。若不这样，因为各种理由失去唯一候补人选时将会面临过大风险并造成难以挽回的损失。

■在考虑接班人培养上的6个观点

· 作为经营者的观点

· 作为部长的观点

· 作为部长的理想、目标设定及达成结果的方法

· 作为组织领导的团队管理的要点

· 每个人的目标设定、结果评定和反馈方法

· 工作的交付方法与指导方法

√从经营者的观点开始，到指导方法形成体系

在培养接班人候补人选时，有6大观点。需通过业务详细传授给部下，而其中的要点在下文中有介绍。

◇作为经营者的观点

在将正式的信息与部下彻底共享的同时，特别要注意，将从经营者阵营传达下来的不定形的指示和信息、从部长会议上得到的见解传授给部下，从平时开始拓展部下的视野。有很多上司指责部下缺乏经营者的观点，但是这要建立在与部下充分共享信息的前提上，若非如此，我认为上司完全没有理由责备部下。

关于经营者的观点，我刚刚进入麦肯锡的时候，也曾几次被指责过，非常辛苦。虽然被告知要从经营者的观点看问题，但是却没有作为经营者的经验，即使读了很多著名经营者的访谈也完全无法掌握。虽然不站在相应的立场上则无法理解而容易放弃，但是平时不断地从经营者的立场思考问题，也就逐渐学会了。但是，不被逼着去思考，是无法加深理解的。

正因为是这种情况，上司们需要将"经营者阵营做出了什么样的判断，得到了什么样的情报，如何下的决心"传达给候补接班人，尽可能多地为他们提供思考演习的机会。"我们公司的经营者们是这样认为的，如果是你的话你会怎么做？"采用这样的方式询问部下。

上司可能会想"我自己也曾想要得到这种待遇"。实际上，以这样的形式培养部下，不仅可以加深自己的思考，也能够拓展自己的视野。

◇作为部长的观点

上司应该将自身在何时看到了什么做出怎样的判断、如何遇到机会改变方向，都传授给接班人，使他们思考。关于今后面对怎样的指标应该在何时做出怎样的判断，此时该如何下定决心也要进行讨论，使其思考。而这些不光能够培养部下，甚至能够刺激到上司，可能会使上司自己考虑得更加深入。

◇作为部长的理想、目标设定及达成结果的方法

上司自己如何描绘部门的愿景，如何将其分解成合适的目标以及对此设定的方法都详细传授给候补接班人，通过询问他们的见解以及关于今后的想法来促使他们思考。

关于获得成果的方法，上司自己从每个季度的开始到中途再到结束是怎样推进部门全员做出成果的；关于预想之外的事故是如何应付的；为防止事故发生，是如何防患于未然的；如何维护人员后备体制等诸多事项，都要对候补接班人进行说明。

◇作为组织领导的团队管理的要点

详细讲述自己的运营方针及其背景，通过列举平常的事例使部下思考。因为大家基本上不会站在上级的立场上思考，因此仅仅拥有这样一个讨论的机会，就已经是很大的刺激了。

◇每个人的目标设定、结果评定和反馈方法

将部门整体目标分解成单个目标，对于能力出众的部下与能力不足的部下的调整方法，环境变化的情况下评价的调整方法，以及关于这些向部下说明的方法都要详尽解释。"作为上司，虽然我是这样考虑并实行的，实际上反应却是那样的，因此不得不做出这样的修整"，采用这样生动的实际案例开拓候补接班人的视野。

◇工作的交付方法与指导方法

工作可以交付到何种程度，什么时候该伸出援手，怎样伸出援手，什么事情可以帮助、什么事情可以让部下放手去做，如何使部下拿出干劲，需要对候补接班人说明的事情像山一样多。

我想在此之前，能够意识到这些并加以努力的上司并不多，因此通过创造这样的机会，上司能够学到的其实比候补接班人学到的还要多。"比起被别人教，教给别人所能学到的更多"这一法则，在这里也是成立的。

如果培养接班人，便会自然地从眼前的工作中解放出来，目光也会自然而然地转向领先一步两步的工作上。因此，培养接班人的同时，也加速了自身的成长。反过来说，对于以进一步的成长为目标的上司来说，培养接班人可以说是自己成长的第一步。

〔*4*〕
给即将崩溃的部下以支撑

**当部下即将崩溃的时候、达到极限的时候，即使被鼓励也只会
感到痛苦**

即使是能力出众的部下也会有即将崩溃的时候：比如说为初次接
触的工作而努力时，因为不习惯之处太多，即使拼尽全力努力运转效
果也不理想；成员中某一人突然不能发挥作用；或者顾客提出严重投
诉，严重超出当事人承受能力……

这种时候，部下即使受到鼓励也只会感到痛苦，并不会有任何帮
助。假如部下的战斗欲望十分高涨，而体力也有剩余之时，激励的声
音有可能会使其坚持下去，但是，超越极限的时候，却起不到什么作
用。因为是知道做不到而即将崩溃，并不是因为干劲不足或鼓励不够

造成的。

相反，这种激励反而会造成负担，部下会更加责备无法完成工作、不中用的自己，因此，当超出部下极限的时候，最好不要进行多余的激励。

大致分为，知道到底该做什么但是超过了能力的极限而无法做到；抑或陷入恶性循环中头脑空白，原本能完成的也完成不了。若是前者，上司需要伸出援手，减轻部下的负荷，根据上司的判断一口气缩短战线，将困住的人解放出来，一口气减少烦恼等具体行动来解决问题。

若是后者，由于当事人的能力、判断力都消失殆尽，上司需要给出具体的改善策略及改善步骤，全面介入拯救部下是首要任务。远程给出建议之类，虽然想要帮助部下，但是基本无法阻止事态的恶化。若是再进一步恶化将变得格外麻烦，因此在知道当事人失去能力的瞬间，就需要介入进行全面支援。

当然，如果采用输出图像制作方法，从一开始就不会出现这种情况。从最初形态到最终形态都形成图像并共享，频繁地确认进度，无法完成的部分上司补充推进，因此基本不会发生超出极限、陷入恶性循环的情况。

一旦发生崩坏，对部下本人有很大损害，而上司也不得不放下自己的工作前来救火，原本应该做出的成果结果最终以糟糕的水平收尾，可谓损伤惨重。无论如何希望上司努力运用输出图像制作方法来规避此类情况的发生。

在部下即将崩溃前减轻负荷

当部下即将崩溃时，很多时候即使鼓励也难以挽回，因此，在部下即将崩溃之前，作为上司就应当尽快施以援手，采取最好的措施，能够舍去的都舍去，能够推后的事情就推后，以最快速度为部下减轻负荷。这样做，可以阻止恶性循环发生，得以采取措施进行挽救，使其在可承受范围内继续努力。

若是发展到马上就要崩溃时，对部下的心灵和身体都可能造成损伤，而这种情况下再想恢复会花费更多时间，因此最好采取万全之计。

虽然说过早施以援手可能造成部下本人没有成长的局面，但是超越极限时，给顾客造成困扰，无论对谁都没有好处，因此最好在部下即将崩溃前采取手段。

这种情况下，经验最丰富的上司直接介入对灭火最有帮助。如果投入其他人手并且与该部下的能力无法对应，那么将会错过时机，也会更难以挽救。

若是多个项目陆续失火，那就是上司的目标设定和资源投入有问题。更甚者，项目管理技能存在问题。

上司需深刻反省，首先亲自到问题最严重的项目中，解决最难的部分，随后同样地为其他项目灭火，姑且将一切拉回正常水平。但是，若是不改变体制则不知道什么时候又会发生，因此需下定决心排出优先顺序，尽早培养出能够从某种程度上使项目运转的二把手。

不要让部下认为"我是不行的"

当部下负荷过大的时候，即使急速帮助部下减轻负荷，甚至改变体制，有时候也难以完全挽回事态，会以不满意的结果结束。

这样一来，好不容易通过支援有了某些程度上的挽回，部下却很悲观，"果然不行啊，我果然不适合这样的工作，非常勉强啊"，甚至真的有难以继续下去的风险。这样一来就得不偿失了。即使有前途的部下，一旦内心被挫折击败也难以恢复。

因此，在被逼入这种境地之前就采取措施，"虽然很困难，但是成功挽救了。真是太好了！"有必要拥有这种水平。

在这里有一点必须注意。

能否努力取决于本人的心情，作为上司则容易想着"这种程度没什么问题，可以成为自己重要的经验"，但是拿部下和自己相比并没有什么意义。正是因为上司能够承担这种压力才没有从公司辞职，并得以晋升，但这并不能作为判断其他人是否可以承受的标准。

不仅如此，无论什么事上司都不能以自己的基准考虑，而要站在对方的立场上思考。这种情况下，要站在部下的立场上思考。在少子化的日本，若不将员工看作与客户同样重要，那么公司将逐渐被逼入难以站住脚的状况。海外也是，从几十年前开始就有"War for Talent"（获取优秀人才的战争）这种说法，如今已变为"客户和员工都很重要"的时代。

部下濒临崩溃是上司的责任

说起来，部下濒临崩溃是谁的责任呢？是部下的问题吗？难道是因为该部下吊儿郎当、不够认真、没有耐性、能力不够吗？显而易见并非如此。不言而喻，这是上司的责任。

对于难度上远远超出"拼死努力就能完成"的业务，该业务到底有多难，是否拼死努力就能做到，对此部下很难做出适当的判断。即使觉得非常困难也很难说明无法完成的理由，因此会陷入被认为没有自信、没有干劲的境地。

"能完成还是不能完成你自己判断"，也有这样的上司，将部下逼入难以说出不能完成的境况来逼迫部下做判断是否太过狡猾呢？至少可以说这样的上司放弃了作为上司的责任，没有责任感。

上司采用着使部下钻牛角尖，被逼到绝境，想要辞职甚至被公司辞退的工作安排方法，那么濒临崩坏的其实是上司的责任感。为了杜绝这种情况，上司必须在工作安排方法上下功夫，万一陷入危急的状况，以最快速度、尽全力抢救是上司的职责所在。

从小的成功体验重新积累

濒临崩溃的部下，即使摆脱困境后，也会变得身心疲惫，而是否要继续在公司待下去也变得非常微妙。"果然不行啊""又失败了""是不是会被开除""怎样还家里的房贷啊"……这些声音会在部下的脑海中回响。

一旦被击碎，自信并非那么简单就能重新找回。虽然并不是抑郁症，但是在重新找回工作上所必需的自信之前，作为将部下逼入该境地的上司，有必要认真为部下提供康复训练。

最有效的康复训练是，让其获得几次小的成功体验，逐渐找回自信。这需要相当长的时间，根据项目的性质、规模，可能需要一年以上的时间。若是有上司认为，没有办法拿出那么多时间，那么不妨考虑一下，你都对部下做了什么。

给部下施加了其难以承受的重压，导致其失败，将其逼入了完全失去自信不知如何是好的境地，这都是上司的责任，而拯救这一切需从小的成功体现重新积累。使部下拿出干劲、拥有自信、获得成功是上司重要的工作。

"世界精英标准的上司"的本质是：认真地为部下考虑，做最好的工作，将团队成果最大化，给部下提供比在其他任何部门都要快速成长的环境。极其理所当然的，部下会对上司抱有很大期待，会想着为什么无法完成项目，为什么上司连这种事情都不能帮自己做。但是，一旦自己成为上司状况就完全发生变化。责任一下子变重了，头脑中全都是如何完成工作。而结果是，没有空闲去关注部下，没有指示却希望部下能够自己考虑并做出良好成果，对能力不足的部下、粗心冒失的部下动辄怒骂，使其退缩不前。

无论如何，稍许的意识改变就能让人发生巨大的变化。上司发生变化则部下会迅速发生变化。而上司与部下都发生变化，那么公司的生产力就会有急速提升的可能，气氛会变得更融洽。

从这种意义上讲，尽快培养出"世界精英标准的上司"是所有经营者努力的出发点。

○
·
○

作 为 世 界 精 英 标 准 的 上 司

在这本书中，对世界精英标准的上司应有的状态进行了详细说明。大概有很多上司觉得自己实在是无法做到这种程度。为什么不得不做到这种程度呢？怀有这样疑问的上司也很多。

我的愿望，也是劝告是——不要说做不到之类，一定请一一尝试。仔细阅读后，若是能记起自己作为部下时的记忆就会明白，并没有什么特别之处。从部下的立场来看只是非常自然、非常理所应当的事情。若是说有什么过高的要求，那大概就只是站在部下的立场上看问题吧。

美国自不必说，在麦肯锡看到过诸多国际企业的商务人员的我，认为日本（及一些国家）依然有着很固执的落后做法，对于工作的合同概念很薄弱。无论上司还是部下都为公司所雇佣，而他们却基本忘记了合同中所规定的只有工作方面这理所当然的事情，而"无论是部下的生活还是人生，上司都可以控制，只要还有体力，就可以随意驱使"这一误解依然蔓延。

即使是外面听起来感觉很好的社长或者董事，大多也以错误的姿态安排部下工作。

而这也是即使出现黑心工厂，形成社会化问题，该思想依然没有减少的一大理由。但是，这在世界上却完全不通用。欧美固然如此，曾经是欧美殖民地的亚洲区域，受到欧美多国企业的渗透，员工权利意识非常高。

日本企业若不彻底改变，海外最优秀的人才不会加入，即使不小心进了公司也会在很短时间内辞职。而且不单单是辞职，还会对其他优秀的同伴们讲"大家绝对不要去日本企业工作，那里有你完全无法想象的极品上司"。SNS（译者注：social network site 社交网站）的普及使得无论是好的信息还是坏的信息都能够瞬间传递。

无论在国内还是在世界各地，若是无法招募到最优秀的人才，那么可以说这个公司在世界竞争中根本不可能胜利。

本书所说明的，某种意义上来说是基本中的基本，是全世界的企业都理所当然的规则，在日本从部下的立场上来说也当然非常期待，无论如何，若是能有一个或多个"上司"将其作为理所当然的事情付诸实践，我将会感到喜出望外。

而且，这绝不是个别上司的问题。本书中"上司"所表现的内容，直接适用于各公司的社长及董事。即使上司们做错了，希望社长们也不要说什么"需要重新训练我们公司的科室长，他们就是问题所在"。因为他们做出这样的行动，是在模仿社长和董事，是公司的价值观、行动规范要求他们做出这样的行动而已。

随后，读完本书的感想、疑问都可以发送给我，我会马上回信。期待您的来信。

请告诉我，您掌握"世界精英标准的上司能力"后，自身发生了怎样的变化。若是能详细地告诉我您是怎样跨越心理障碍的，本人将感激不尽您为我提供的参考。

同时，为了聚集起问题意识高的诸位，我在Facebook上也开了社区。

工作上以及人际关系上的困扰，不知道如何努力等问题可以放心找我商量。我想我的回信应该会对您有所帮助。

让我们一起让企业充满活力！

图书在版编目(CIP)数据

世界精英的带人术/(日)赤羽雄二著；张晶晶，曾祥辉译.—武汉：武汉大学出版社，2016.6（2019.8重印）

ISBN 978-7-307-17755-0

Ⅰ.世… Ⅱ.①赤… ②张… ③曾… Ⅲ.企业管理－组织管理学 Ⅳ.F272.9

中国版本图书馆CIP数据核字(2016)第073491号

SEKAI KIJUN NO JOUSHI

Copyright © 2015 Yuji Akaba

Edited by CHUKEI PUBLISHING

Originally published in Japan by KADOKAWA CORPORATION,Tokyo.

Simplified Chinese Character translation rights arranged with KADOKAWA CORPORATION through YOUBOOK AGENCY,CHINA

Simplified Chinese Character translation rights © 2016 by 武汉大学出版社

本书原版名为：世界基準の上司，作者赤羽雄二，由株式会社KADOKAWA 2015年出版。

版权所有，盗版必究。

本书中文版由北京玉流文化传播有限责任公司代理授权武汉大学出版社2016年出版。

责任编辑：刘汝怡　　　责任校对：叶青梧　　　版式设计：刘珍珍

出版发行：**武汉大学出版社**　（430072　武昌　珞珈山）

（电子邮箱：cbs22@whu.edu.cn 网址：www.wdp.com.cn）

印刷：阳谷毕升印务有限公司

开本：880×1230　1/32　　印张：8　　　字数：100千字

版次：2016年6月第1版　　　2019年8月第2次印刷

ISBN 978-7-307-17755-0　　定价：58.00元